Scriptor Praxis

WOLFGANG BIEDERSTÄDT (HRSG.)

Bilingual unterrichten

Englisch für alle Fächer

Cornelsen
SCRIPTOR

Der Herausgeber
Wolfgang Biederstädt ist Schulleiter einer bilingualen Realschule in Köln und Lehrbeauftragter für bilingualen Unterricht an der Universität zu Köln. Er unterrichtet Englisch und Geographie und arbeitet an Lehrwerken als Herausgeber und Autor mit.

Die Autoren
Die Autoren unterrichten an allgemeinbildenden Schulen oder arbeiten als Fachleiter bzw. im universitären Bereich.

Für Monika und Alexander

Projektleitung: Gabriele Teubner-Nicolai, Berlin
Redaktion: Doreen Wilke, Berlin
Sachzeichnungen: Stefan Giertzsch, Werder/H.
Umschlaggestaltung: Kerstin Zipfel, München
Umschlagfoto: © contrastwerkstatt - Fotolia.com
Layout/technische Umsetzung: FROMM MediaDesign, Selters/Ts.

www.cornelsen.de

1. Auflage 2013

Druck: CPI – Clausen & Bosse, Leck

ISBN 978-3-589-03914-2

Inhalt gedruckt auf säurefreiem Papier aus nachhaltiger Forstwirtschaft.

Inhalt

Vorwort 4

1 **Ein innovatives Unterrichtskonzept** 5
Wolfgang Biederstädt

2 **Scaffolding in bilingualen Modulen** 15
Anka Fehling, Helga Hämmerling und Uta Schramm

3 **Bilingualer Geographieunterricht** 23
Michael Streifinger

4 **Anders verstehen - der CLIL-Ansatz im kompetenzorientierten Geschichtsunterricht** 36
Nicola Brauch, Annette Deschner und Carola Gruner-Basel

5 **Bilingualer Sachfachunterricht im Fach Politik und Wirtschaft** 45
Jaqueline Gorman

6 **Bilingualer Wirtschaftsunterricht am Beispiel des Themas „Comparing Economic Systems“** 58
Matthias Förtsch

7 **Eine gerechte Schule gestalten - Philosophieren über die Welt von morgen** 69
Barbara Brüning

8 **Bilinguale Module im Mathematikunterricht** 80
Katharina Prüfer

9 **Which hormones make the cycle go round? Biologie bilingual** 89
Simon Olmesdahl

10 **Physik - der Exot unter den bilingualen Fächern** 102
Jan Mandler

11 **Chemie als bilinguales Schulfach - Chancen und Ziele** 115
Meike Klingauf

12 **Bilingualer Musikunterricht - Voraussetzungen, Chancen und Unterrichtsbeispiele** 128
Anja Rosenbrock

13 **Kunst - fremdsprachig denken, lernen und gestalterisch tätig werden** 138
Monika Nolden

14 **Stich by Stich and spoon by spoon** 149
Elke Storz

Literatur 157

Vorwort

Bilingualer Unterricht gilt seit Jahren als Erfolgsmodell, wird in allen Schulformen und -stufen angeboten und in unterschiedlichen Fremdsprachen erteilt. Die besondere Form dieses Unterrichts wirkt sich sehr günstig auf die Unterrichtsentwicklung aus, fördert sowohl nachhaltigen kompetenzorientierten Fremdsprachen- als auch Sachfachunterricht und trägt positiv zur Qualitäts- und Standardsicherung sowie zur Profilierung der Schulen bei, die bilingualen Unterricht durchführen.

Kopiervorlagen und Webcode: *Sie können die Kopiervorlagen aus dem Buch entnehmen oder aus dem Internet als PDF-Datei herunterladen. Zu den PDF-Dateien finden Sie eine Zahlenkombination jeweils unter der Kopiervorlage. Geben Sie diese unter www.cornelsen.de/webcodes ein. Achten Sie bitte darauf, dass beim Ausdrucken bei Seitenanpassung „In Druckbereich einpassen" aktiviert ist, damit Sie eine DIN-A4-Seite bekommen.*

In diesem Buch werden für fast alle schulischen Unterrichtsfächer der Sekundarstufe I praxisorientierte Erfahrungen, Vorschläge und Möglichkeiten aufgezeigt, wie englischsprachiger Sachfachunterricht im Sinne der Förderung fremdsprachlicher, fachlich-inhaltlicher und interkultureller Kompetenzen sowie der Schüler- und Anwendungsorientierung erfolgreich umgesetzt werden kann. Die Spanne reicht von den schon seit langem auf Englisch unterrichteten Fächern wie Geographie, Geschichte oder Politik über Wirtschaft, Praktische Philosophie sowie die Naturwissenschaften wie Mathematik, Biologie, Physik und Chemie bis hin zu Musik, Kunst, Textilgestaltung und Hauswirtschaft. Neben Zielen und Aufgaben werden insbesondere fachspezifische Methoden, unterschiedliche Unterrichts-, Arbeits- und Organisationsformen wie vor allem Module ausführlich dargestellt.

Ausgewählte Unterrichtsideen und -beispiele, motivierende Materialien aus Deutschland und englischsprachigen Ländern, konkrete Planungshilfen und Tipps sollen Mut machen und Freude bereiten, bilingualen Sachfachunterricht auf eine breitere Grundlage zu stellen. Der Mehrwert des bilingualen Unterrichts im Vergleich zum Regelunterricht soll zum Ausprobieren motivieren.

Ich wünsche mir, dass mit den vielfältigen Ideen und Anstößen in diesem Buch noch mehr Schülerinnen und Schüler in möglichst vielen unterschiedlichen Fächern auf die steigenden Anforderungen in unserer globalen Welt, im Studium und im Beruf in Bezug auf die kompetente Verwendung der englischen Sprache in fachlichen Zusammenhängen gut vorbereitet werden.

Allen Lehrerinnen und Lehrern, die bilingualen Unterricht bereits mit Freude erteilen, wünsche ich weiterhin viel Erfolg durch die vielfältigen interessanten Anregungen, die die Autorinnen und Autoren, denen mein allergrößter Dank gilt, hier geben. Allen anderen wünsche ich Mut, den ersten Schritt zu wagen. Er ist nicht der schwerste, aber der wichtigste.

Köln im Dezember 2012 *Wolfgang Biederstädt*

Ein innovatives Unterrichtskonzept

1

Wolfgang Biederstädt

Bilingualer Unterricht ist seit langem erfolgreich

Was hat eine Harley-Davidson mit bilingualem Unterricht zu tun? Ein Schüler, der den bilingualen Zweig einer Realschule besucht hat, erhält nach seiner Ausbildung zum Zweiradmechaniker eine Stelle in einer Werkstatt für diese schicken Motorräder aus den USA und ist in der Lage, die amerikanischen Originalhandbücher problemlos zu verstehen und danach zu handeln. Eine ehemalige Schülerin eines bilingualen Gymnasiums studiert an der *University School of Business and Economics* in Maastricht in den Niederlanden, wo die Verkehrssprache Englisch ist. Eine weitere arbeitet in der Verwaltung einer US-amerikanischen Softwarefirma in Deutschland, wo ebenso selbstverständlich die englische Sprache ihren Berufsalltag bestimmt. Was haben diese drei gemeinsam? Alle haben während ihrer Schulzeit die englische Sprache im bilingualen Unterricht als Arbeitssprache kennengelernt und profitieren seither davon.

Bilingualer Unterricht bereitet auf das Leben und Arbeiten in unserer globalen Welt vor

Der rasante gesellschaftliche und technische Wandel des sogenannten *Knowledge Age*, ein schnell wachsendes vereintes Europa sowie die zunehmende Globalisierung bedeutet für die Menschen, sich in mehreren Sprachen zu Hause zu fühlen, um Probleme zu lösen, neue Ideen zu entwickeln. Mündliche Ausdrucksfähigkeit, Präsentations- und vor allem Diskurskompetenz werden bedeutender. Bilingualer Unterricht weist einen geeigneten Weg in diese Richtung. Schulen, die sich durch bilingualen Unterricht profilieren, befähigen ihre Schülerinnen und Schüler durch diesen kognitiv anspruchsvollen und zukunftsweisenden Unterricht, die Herausforderungen des *21st century learning* zu bestehen.

Die Einführung des bilingualen Unterrichts und die sprachlichen Leistungen von Neuntklässlern haben im Rahmen der Studie „Deutsch-Englisch-Schülerleistungen-International" (DESI, 2006) erfreuliche Ergebnisse gezeitigt. „Schüler in bilingualen Klassen haben einen sehr deutlichen Kompetenzvorsprung in allen Bereichen. Insbesondere kommen sie im Hörverständnis fast doppelt so schnell voran wie andere Klassen."

Bilingual Lernende sind sprachlich kompetenter

Die Ergebnisse der Vergleichsarbeiten des 8. Jahrgangs (VERA 8) des Instituts zur Qualitätsentwicklung im Bildungswesen (IQB) liefern vergleichbare Hinweise. Auch Schülerinnen und Schüler bilingualer Realschulen schneiden deutlich erfolgreicher ab als Regelschüler.

Die Ergebnisse der bilingualen Klasse 8 der Eichendorff-Realschule in Köln-Ehrenfeld, einer Realschule des Standorttyps 5 (Schulen mit u. a. über 40 % der Schüler mit Migrationshintergrund, sehr hohem Anteil an SGB-II-Empfängern und Arbeitslosen im Schulumfeld, vgl. Schule NRW, 2011, 300 f.) zeigen, dass 17 % der bilingual unterrichteten Schülerinnen und Schüler beim Leseverstehen die Niveaustufe 4 (von 5), 73 % die Niveaustufe 3 erreicht haben (März 2011). Im Landesdurchschnitt aller Realschulen haben 65 % die Stufen 4 (7 %) und 3 (58 %) erlangt, bei Schulen desselben Standorttyps 5 lediglich 60 %, also ein Drittel weniger als in der bilingualen Klasse.

Bilingualer Unterricht vs. Content and Language Integrated Learning (CLIL)

Bilingualer Sachfachunterricht in Deutschland

In Deutschland wird seit der Einführung des bilingualen Sachfachunterrichts nach dem Vertrag vom 22. Januar 1963 zwischen der Bundesrepublik Deutschland und Frankreich über die deutsch-französische Zusammenarbeit der Begriff „bilingual" verwendet. In Deutschland ist bilingualer Sachfachunterricht nach wie vor die offizielle Bezeichnung für diese besonders effektive Form des Sprachen- und Sachfachlernens.

Im europäischen Ausland hat sich in den letzten Jahren immer mehr das Konzept des *Content and Language Integrated Learning* durchgesetzt.

Content and Language Integrated Learning im europäischen Ausland

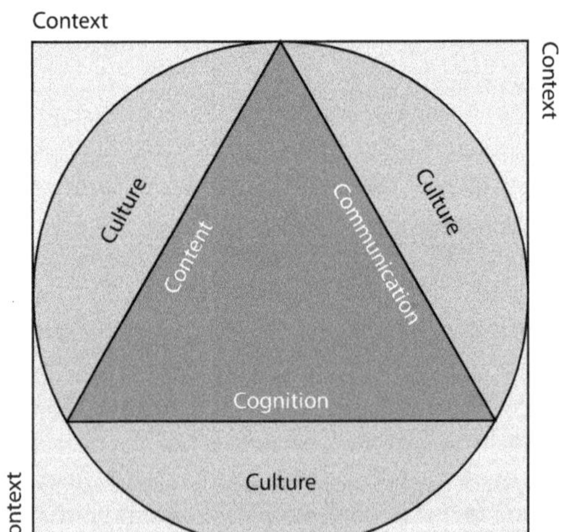

Abb. 1: Die vier Dimensionen des CLIL-Konzepts

„CLIL is the platform for an innovative methodological approach of far broader scope than language teaching. Accordingly, its advocates stress how it seeks to develop proficiency in both the non-language subject and the language in which this is taught, attaching the same importance to each. Furthermore, achieving this twofold aim calls for the development of a special approach to teaching in that the non-language subject is not taught in a foreign language but with and through a foreign language.“ (Eurydice 2006, 7)

Dimensionen des CLIL-Konzepts

Die Grundlage des CLIL-Konzepts bilden die vier Dimensionen Inhalt, Kognition, Kommunikation und Kultur: *the 4Cs framework.* (Coyle, Hood und Marsh 2010, 41)

> *Content:* Der Inhalt wird vom Sachfach bestimmt, dabei geht es um die Vermittlung und den Erwerb fachspezifischen Wissens und entsprechender methodischer Kompetenzen.
> *Cognition:* Im Zentrum des Lernens steht die kognitive Leistungsdisposition. Aufgaben und Probleme gilt es, mithilfe fachlicher Kenntnisse, Fertigkeiten und Fähigkeiten, Strategien und Routinen sachgerecht und selbstständig zu bewältigen und die Ergebnisse zu beurteilen.
> *Communication:* Schulische Lernprozesse werden von unterschiedlichen Interaktions- und Kommunikationsmustern geprägt, wobei der Austausch in der Gruppe über fremdsprachliche Lerninhalte in der Fremdsprache besondere Beachtung erfordert.
> *Culture:* Interkulturelles Lernen strebt die Wahrnehmung und Anerkennung anderer Kulturen und die Relativierung des eigenen Standpunktes an, sowohl kognitiv-inhaltlich als auch emotional-affektiv.

Die exakte Unterscheidung der beiden Konzepte ist nicht nur schwierig, sondern auch unnötig. Die Betonung sollte auf dem integrativen Fokus dieser Ansätze liegen, fachlich-inhaltliches und fremdsprachliches Lehren und Lernen zum Wohle der Schülerinnen und Schüler zu verschmelzen.

Ziele des bilingualen Unterrichts

Bilingualer Unterricht soll die Schülerinnen und Schüler in besonderem Maße für eine quantitative und qualitative Verbesserung der Fremdsprachenkompetenz motivieren, die über den normalen Kompetenzerwartungen liegt, und ihre Aufmerksamkeit dabei gleichermaßen auf die Inhalte des Sachfachs richten. Der Förderung der Sprechfertigkeit sowie die anwendungsorientierte und authentische Verwendung der Fremdsprache stehen im Vordergrund, wobei das Selbstvertrauen im Umgang mit der englischen Sprache gestärkt werden soll. Über die gezielte Entwicklung einer fachbezogenen Sprachkompetenz wird auch eine deutlich bessere Methodenkompetenz angestrebt.

Anwendungsorientierte Verwendung der Fremdsprache

Sachkompetenz steht im Vordergrund

Das fachlich-inhaltliche Lernen, die Sachkompetenz, steht trotz des Einsatzes der Fremdsprache als Arbeitssprache im Vordergrund. Die fachdidaktischen und fachwissenschaftlichen Ziele und Arbeitsweisen des jeweiligen Sachfachs bestimmen auch den bilingualen Unterricht.

Der Erwerb interkultureller Kompetenz ist Grundanliegen guten Fremdsprachenunterrichts. Bilingualer Unterricht, der auf Perspektivenwechsel und vergleichende Betrachtungsweisen angelegt ist, erreicht hier eine besondere Qualität, da die Schülerinnen und Schüler vor allem in Fächern wie Geschichte, Politik und Wirtschaft gezielt die Perspektive eines Partnerlandes kennenlernen und auf diese Weise Verstehensproblemen begegnen können. Der Blick auf die „andere" Kultur schärft gleichzeitig den Blick auf die eigene. Bilingualer Unterricht bereitet die Schülerinnen und Schüler damit nicht nur auf Beruf oder Studium vor, sondern legt im besten Sinne *global citizenship* an, damit sie sich in einer wirtschaftlich und kulturell vielfältigen europäischen und internationalen Welt orientieren und behaupten können.

Bilinguales Lernen ist kompetenzorientiert

Bilingualer Unterricht soll einen *backwash effect* auf Lehrer wie Schüler erzielen, indem sie ihre Erfahrungen aus dieser besonderen Art des Unterrichts sowohl auf den normalen Fremdsprachenunterricht als auch auf den in deutscher Sprache geführten Sachfachunterricht übertragen. Dieser profitiert wiederum in besonderer Weise von der Entwicklung der Methodenkompetenz sowie einem sensibleren Umgang mit den sprachlichen Anforderungen des jeweiligen Faches.

Für die Beschreibung von Klimadiagrammen im bilingualen Geographieunterricht brauchen die Schülerinnen und Schüler zumindest zu Beginn sprachliche Hilfen, um Sätze formulieren zu können wie: *Temperatures are constantly high during the summer. / Temperatures increase steadily ...* Da sie über diese Art Fachsprache im Deutschen häufig nicht ausreichend verfügen oder weil Deutsch ihre Zweitsprache ist, müssen auch im deutschsprachigen Sachfachunterricht vergleichbare sprachliche Hilfen gewährt werden. Lehrer, die Sachfachunterricht auf Englisch und auf Deutsch erteilen, erkennen viel eher die sprachlichen Notwendigkeiten für einen erfolgreichen Unterricht. Insofern lassen sich positive Effekte, die ihre Wurzeln im bilingualen Unterricht haben, auf den Regelunterricht übertragen, der indirekt vom fremdsprachlich geführten Unterricht profitieren kann.

Organisationsformen bilingualen Unterrichts

Seit vielen Jahren werden bilinguale Zweige oder Züge an allen weiterführenden Schulformen eingerichtet. In einigen Bundesländern werden in den ersten beiden Jahren in bilingualen Klassen zwei Wochenstunden Englisch mehr erteilt als in den Regelklassen, mit dem Ziel, die bilingual lernenden Schülerinnen und Schüler gezielt auf den ab Klasse 7 einsetzenden englischsprachigen Sachfachunterricht vorzubereiten. Wenn es die schulischen Rahmenbedingungen erlauben, ist es sinnvoll, das Stundenvolumen eines bilingual unterrichteten Sachfachs im Jahr der Einführung um eine Stunde zu erhöhen.

Bilinguale Zweige und Module

Mit zunehmender Akzeptanz und Verbreitung bilingualen Unterrichts ist relativ viel Bewegung in mögliche Organisationsformen gekommen. Eine besondere Bedeutung erhalten bilinguale Module, die flexibel in unterschiedlichen Fächern durchgeführt werden können. Für eine bestimmte Zeit werden geeignete Themen wie z. B. „Earthquakes in California", „The American Revolution", „Our clothes and global trade", „Your blood, a vital fluid" in einem ansonsten auf Deutsch geführten Sachfachunterricht in der Fremdsprache unterrichtet.

Die Durchführung des modular organisierten bilingualen Unterrichts liegt in der Hand von

- Englischlehrkräften,
- Lehrkräften mit der Lehrbefähigung für Englisch und ein Sachfach,
- Englischlehrkräften in Kooperation mit Lehrkräften der Sachfächer in der Planungsphase,
- Lehrkräften für Englisch und die Sachfächer im gemeinsamen Unterricht,
- Lehrkräften der Sachfächer mit ausreichenden Englischkenntnissen.

Zeitweise Ausweitung bilingualen Unterrichts auf regulären Sachfachunterricht

Wenn Module epochal unterrichtet werden, kann der Englischunterricht während der Durchführung unter Umständen um eine Wochenstunde reduziert werden. Im Stundenplan lässt sich bilingualer Epochalunterricht am einfachsten organisieren, wenn die Lehrkräfte über die Lehrbefähigung für Englisch und ein entsprechendes Sachfach verfügen.

Darüber hinaus ist es auch denkbar und wünschenswert, in den Englischunterricht bzw. deutschsprachigen Sachfachunterricht der Regelklassen bilinguale Elemente, Unterrichtsphasen oder Minimodule zu integrieren. Wird im Geographieunterricht der verheerende Hurrikan *Sandy* vom Oktober 2012 thematisiert, können authentische Quellen wie Filme, Nachrichtensendungen etc. als Arbeitsmaterialien integriert werden, die die Schülerinnen und Schüler sprachmittelnd bearbeiten können. Auf diese Weise werden sie besonders motiviert und erweitern ihre Sach-, aber vor allem Sprachkompetenz erheblich, ohne dass damit ein organisatorischer Aufwand verbunden ist.

Planung und Durchführung bilingualen Unterrichts

Die CLIL-Pyramide und kompetenzorientierter Unterricht

Die CLIL-Pyramide als Prinzip der Unterrichtsplanung

Bei der Planung und Durchführung bilingualen Unterrichts sollten eine Reihe grundlegender Prinzipien und Verfahren berücksichtigt werden, um die erforderlichen Lernprozesse erfolgreich zu gestalten.

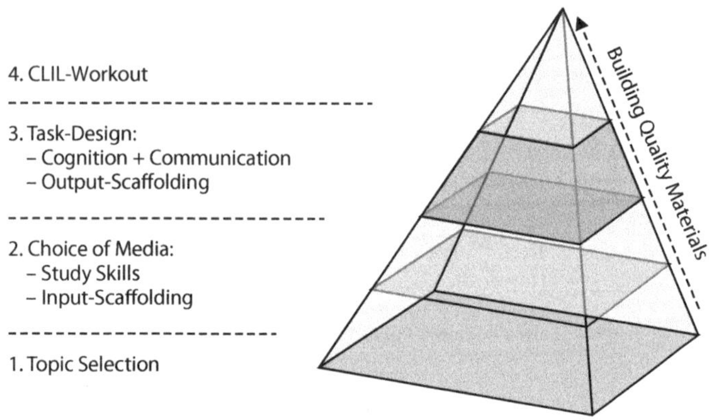

Abb. 2: Unterrichtsplanung entsprechend der CLIL-Pyramide (MEYER 2010)

Wenn die Entscheidung bezüglich eines Themas und der Inhalte gefallen ist, werden unterschiedliche Textsorten, Medien, Unterrichtsverfahren ausgewählt. MEYER (2010, 24) macht auf der Grundlage des Rahmenkonzepts der vier zentralen Faktoren *content, cognition, communication, culture* überzeugende Vorschläge bezüglich der Planung einer Unterrichtssequenz. Die Entscheidungen beziehen sich auf die fachspezifischen, fach- und unterrichtsmethodischen sowie fremdsprachlichen Faktoren. Bilingualer Sachfachunterricht wird – wie kompetenzorientierter (Fremdsprachen-)unterricht – stark vom Prinzip des *backward planning* bestimmt. Im Vorhinein wird geplant, welche Lernergebnisse und welche erwarteten Produkte (Poster, Texte, Präsentationen, Visualisierungen etc.) am Ende der Unterrichtsreihe stehen sollen. Damit die Schülerinnen und Schüler diese Aufgaben und Probleme im Sachfachunterricht sprachlich rezeptiv und produktiv angemessen bewältigen können, gilt es zu analysieren und zu antizipieren, welche sprachlichen Mittel und andere Unterstützungssysteme zur Verfügung gestellt werden müssen, damit die Schülerinnen und Schüler erfolgreich arbeiten und lernen können.

Backward planning für bilingualen Unterricht

Themen- und Materialauswahl

Die Grundlage für die Planung bilingualen Unterrichts bilden die Inhalte und Anforderungen sowie das dazu erforderliche bzw. verfügbare Material des jeweiligen Faches. Die Inhaltsfelder sind in aller Regel durch die einschlägigen Fachlehrpläne festgelegt. Innerhalb dieser Kerncurricula und der schulinternen Schwerpunktsetzungen wird entschieden, welche Inhalte und Themen in der Zielsprache unterrichtet werden, welche möglicherweise nicht. Macht es Sinn, im bilingualen Geographieunterricht die Innertropische Konvergenzzone (ITC) oder bestimmte Windsysteme auf Englisch zu unterrichten? Ein Thema wie die Amerikanische Revolution drängt sich hingegen für zielsprachigen Unterricht auf, da der amerikanische Kulturraum und die englische Sprache für Schülerinnen und Schüler plausibel und motivierend erscheinen.

Verwendungsorientierte Schwerpunktsetzungen bei der Themenauswahl

Die Materiallage hat sich seit den Anfängen bilingualen Unterrichts in Deutschland bis zum heutigen Tag grundlegend verbessert. Lehrer greifen zurück auf komplette Fachlehrwerke, Modulhefte, Unterrichtsbeispiele in Englischbüchern, Filme, Schulfernsehsendungen und Animationen, die alle in Deutschland von deutschen Fachlehrkräften in Kenntnis der spezifischen sprachlichen und inhaltlichen Erfordernisse entwickelt worden sind. Werden Materialien aus englischsprachigen Ländern verwendet, muss darauf geachtet werden, dass sie curricular und sprachlich auf die Zielgruppe abgestimmt sind. Aus dem englischsprachigen Raum bieten sich sowohl didaktisierte als auch nicht-didaktisierte authentische Materialien an. Spielt ein geringeres fremdsprachliches Anspruchsniveau bei z. B. jüngeren Schülern eine wichtige Rolle, eignen sich Schulbücher, die speziell für *lower ability students* verwendet werden.

Didaktische Aufbereitung von Materialien für bilingualen Unterricht

Authentische Texte lassen sich adaptieren, indem unwichtige oder überflüssige Passagen gestrichen werden, damit sie in unteren Klassen eingesetzt werden können. Texte oder Passagen lassen sich umformulieren, Synonyme können einen Text vereinfachen. Wichtige Gedanken können hervorgehoben und durch Fotos etc. illustriert werden. Notwendige Fachbegriffe werden in Fußnoten in der Fremdsprache umschrieben oder auf Deutsch gegeben.

Das Internet stellt eine große und interessante Fundgrube für den bilingualen Sachfachunterricht dar, wenn aktuelles englischsprachiges Material genutzt werden soll. Websites mit den Endungen *.edu, .net, .org, .gov, .eu* sind geeignete Quellen. Aus sprachlichen Gründen kann es mitunter hilfreich sein, *Websites for kids* zu wählen. Webquests, interaktive Medien und *flash animations* bieten passende Möglichkeiten für schüleraktiven bilingualen Unterricht.

Der Einsatz von Filmen und Schulfernsehsendungen spielt wegen der Bildelemente eine sehr große Rolle. Im bilingualen Unterricht können die unterschiedlichen Tonspuren ebenso wie die mögliche Nutzung von Untertiteln eine didaktische Hilfe sein.

Methoden in der Unterrichtsdurchführung

Förderung der Methodenkompetenz im bilingualen Unterricht

Durch die Schulung und Anwendung wichtiger Arbeitsmethoden (*study skills*) sowohl im Englisch- als auch parallel dazu im bilingualen Sachfachunterricht erwerben die Schülerinnen und Schüler erweiterte und vertiefte Kenntnisse, Fertig- und Fähigkeiten. Das trifft insbesondere zu auf

- Wort- und Texterschließungstechniken, Wörterbucharbeit,
- Lesetechniken wie *skimming* und *scanning*, detailliertes und analytisches Lesen,
- Verfahren zum Visualisieren und Anfertigen von Notizen,
- Kompetenzen zum Paraphrasieren, Sprachmitteln und Präsentieren,
- Finden, Vergleichen, Bewerten und Verarbeiten von Informationen aus unterschiedlichen Quellen, insbesondere dem Internet,
- Versprachlichen diskontinuierlicher Texte wie z. B. Schaubilder, Grafiken, Karten, Karikaturen etc.

Kenntnis/Wissen (*knowledge*): Fakten und Informationen wiedergeben und Phänomene beschreiben.
Operatoren: *describe, define, list, know, show, recall, identify, etc.*
Verständnis (*comprehension*): einfache Zusammenhänge und Beziehungen herstellen.
Operatoren: *explain, compare, summarize, illustrate, etc.*
Anwendung (*application*): Probleme durch neues Wissen in neuen Zusammenhängen lösen.
Operatoren: *solve, organize, produce, plan, choose, develop, etc.*
Analyse (*analysis*): komplexe Sachverhalte gliedern und strukturieren.
Operatoren: *analyze, draw conclusions, identify assumptions, etc.*
Synthese (*synthesis*): neue Erfahrungen, Informationen, Erkenntnisse und Lösungen gewinnen.
Operatoren: *create, design, suggest, judge, adapt, etc.*
Beurteilung (*evaluation*): Informationen beurteilen, die eigene Arbeit und eigene Meinungen darstellen.
Operatoren: *compare, support, conclude, decide, evaluate, etc.*

Die Aufgabenstellungen im bilingualen Sachfachunterricht sollen Lernaktivitäten auslösen, die sich auf die inhaltliche Auseinandersetzung mit Filmausschnitten, unterschiedlichen Texten, Fotos und Zahlen beziehen. Dazu ist es hilfreich, sich bei der Formulierung der einzelnen Aufgaben an den Taxonomiestufen nach BLOOM (vgl. COYLE, HOOD und MARSH 2010, 31) zu orientieren.

Bilingualer Sachfachunterricht: message before accuracy

Bilingualer Sachfachunterricht schafft möglichst viele Sprechanlässe. Er ist weitestgehend einsprachig (*message before accuracy*). Der begründete Rückgriff auf die deutsche Sprache in Phasen kognitiver Überforderung ist mitunter notwendig. Dieser Wechsel in die andere Sprache – das *code switching* – darf allerdings nicht zum *language hopping* verkommen. Die Sicherung der terminologischen Zweisprachigkeit muss andererseits gewahrt werden, d. h., das Fachvokabular müssen die Schülerinnen und Schüler sowohl im Deutschen wie in der Fremdsprache beherrschen. Dazu bieten sich zweisprachige Listen mit Fachbegriffen an, die im Unterricht kumulativ angelegt werden. Werden im Rahmen der Arbeit mit Fachtexten Wort- bzw. Sachfelder in Form von *mind maps* etc. angelegt, werden wichtige Fachbegriffe auf Englisch und Deutsch festgehalten. In diesen Lernsituationen hat die Bezeichnung „bilingualer Unterricht" auf jeden Fall ihre Berechtigung und stellt hohe Anforderungen an ein entsprechendes methodisches Vorgehen, das diese zweisprachige Kompetenz sicherstellt.

Methoden und Formen des Scaffoldings

Sprachliche Hilfen bei der Rezeption und Produktion (*Scaffolding*) inhaltlich-fachlicher Lerngegenstände sind unentbehrlich. Fachspezifische Begriffe, im Wesentlichen aber fachübergreifende Redemittel müssen bereitgestellt und strukturiert gesichert werden. Über den Einsatz von nichtsprachlichen Semantisierungshilfen hinaus kommen im Unterricht Verfahren wie *prompting and bridging* zum Tragen, indem mit Stichworten oder Satzanfängen eingeholfen wird. Sprachliche Regelverstöße werden nicht bewertet, was in der Regel zu einer spontaneren mündlichen Unterrichtsbeteiligung führt. Der bilinguale Unterricht wird auf keinen Fall genutzt, um bestimmte sprachliche Phänomene zu erläutern oder gar gezielt einzuführen. Treten fehlerhafte Äußerungen auf, können sie von Mitschülern oder vom Lehrer korrekt wiederholt werden, ohne darauf ausdrücklich einzugehen.

Bilingualer Unterricht lebt von der Anschaulichkeit und Visualisierung. Möglichst viele aussagekräftige bildhafte Darstellungen, insbesondere Fotos, Illustrationen, Filme, Podcasts, Karten, Animationen und andere audio-visuelle Medien, Schemata, Modelle, Experimente, Präparate und Realbegegnungen spielen eine herausragende Rolle. Sie sind besonders wichtig, um in der Begegnungs- und Aneignungsphase mit einem Lerngegenstand Unterschiede zwischen der Sprachkompetenz der Schülerinnen und Schüler und inhaltlichen Anforderungen auszugleichen.

Möglichkeiten der Differenzierung im bilingualen Unterricht

Um die Prozess- bzw. Problemlösungsorientierung zu sichern, müssen die Potentiale der Schüler durch möglichst offene Unterrichtsformen wie Partner- und Gruppenarbeit gefordert und gefördert werden. Kooperatives Lernen, Stationenlernen und Projektunterricht lassen sich im bilingualen Unterricht ebenso sinnvoll wie im herkömmlichen Unterricht anwenden.

Bilingualer Unterricht ist häufig kleinschrittig, aber damit nicht zwangsläufig lehrerzentriert. Im Zusammenhang mit selbstständigem und individuellem Lernen und Arbeiten müssen vielfältige Möglichkeiten innerer Differenzierung ausgeschöpft werden, um auf diesem Weg in erster Linie den unterschiedlichen Sprachständen der Lernenden gerecht zu werden.

„Beispielsweise besteht eine gute Möglichkeit darin, gelegentlich muttersprachige Übersetzungen oder Lösungshinweise ... bereitzustellen und dadurch schwächeren Schülern inhaltliche Zugänge zu erleichtern, ohne das Authentitzitätsprinzip vollständig verlassen zu müssen oder sprachliche Lernprozesse zu behindern." (Heimes 2012, 10)

Helfersysteme, Lerntempoduetts und andere kooperative Lernformen haben sich ebenso als Möglichkeiten der Differenzierung bewährt. Das Gruppenpuzzle bietet sich bei komplexeren Lernsituationen an, die Arbeit in mehrere Phasen auf unterschiedlich leistungsstarke Schülergruppen aufzuteilen, damit die *learning load* des einzelnen Schülers machbar ist. Unterschiedlich anspruchsvolle Texte und Aufgaben sowie Methoden des *Scaffoldings* unterstützen die nötigen individuellen Lernprozesse.

Leistungsbewertung im bilingualen Unterricht

Mündliche und schriftliche Leistungsüberprüfungen

Da die Inhalte im bilingualen Unterricht vom jeweiligen Lehrplan des Sachfaches bestimmt werden, wird in erster Linie auch die inhaltlich-fachliche Leistung der Schüler gemessen und bewertet. Die Aufgabenstellungen in schriftlichen Leistungsüberprüfungen sollten auf jeden Fall auf Englisch sein, wenn auch in der Regel aus rechtlichen Gründen deutsche Antworten akzeptiert werden müssen.

Scaffolding in bilingualen Modulen

Anka Fehling, Helga Hämmerling und Uta Schramm

2

Der im Jahr 2003 durch die Europäische Kommission verabschiedete Aktionsplan zur Förderung des Sprachenlernens und der Sprachenvielfalt (2004–2006) trug wesentlich dazu bei, in ganz Europa bilinguale Lehr- und Lernangebote zu etablieren (vgl. EURYDICE, 2005). Auch in Deutschland wurden insbesondere im Bereich der allgemeinbildenden Schulen zahlreiche neue bilinguale Unterrichtsangebote eingerichtet (vgl. Bericht „Konzepte für den bilingualen Unterricht – Erfahrungsbericht und Vorschläge zur Weiterentwicklung", 9). Neben bilingualen Zügen treten dabei der phasen- oder auch jahrgangsweise Einsatz der Fremdsprache als Arbeitssprache und bilinguale Module als flexible Unterrichtsmodelle in den Vordergrund. Diese Entwicklung spiegelt die Bedeutung, die Fremdsprachenkompetenz als Schlüsselkompetenz für den europäischen Arbeitsmarkt zukommt. Insbesondere bilinguale Module als eine inhaltlich und organisatorisch flexible Form des bilingualen Unterrichts eröffnen die Perspektive, einer Vielzahl von Lernenden an unterschiedlichen Schulformen bilinguale Lernerfahrungen zu ermöglichen.

Bilinguale Module – ein flexibles Unterrichtsmodell

In einem bilingualen Modul werden die Inhalte eines Sachfaches oder auch fächerübergreifend die Themen mehrerer Sachfächer über einen zeitlich und inhaltlich begrenzten Abschnitt in der Fremdsprache vermittelt. Dabei muss die Unterrichtsgestaltung nicht durchgängig in der Fremdsprache erfolgen. In Abhängigkeit von der jeweiligen Zielstellung, der Fremdsprachenkompetenz der Lernenden und dem konkreten Kontext kann phasenweise auch die Muttersprache zum Einsatz kommen, insbesondere um zum Beispiel eine terminologische Zweisprachigkeit abzusichern.

In einer globalisierten Welt muss Schule sich ständig verändernden Anforderungen und Bedingungen gerecht werden, um junge Menschen zur aktiven Teilhabe an gesellschaftlichen Prozessen zu befähigen. In diesem Kontext können bilinguale Module einen relevanten Beitrag leisten, indem sie

Aktive Teilhabe durch Fremdsprachenkompetenz

- das bilinguale Angebot über bilinguale Züge hinaus einer breiten Schülerschaft zugänglich machen,
- auf Anforderungen in weiterführenden Bildungs- und Berufsbildungseinrichtungen vorbereiten,
- inhaltlich in Abhängigkeit von gesellschaftlichen Bedürfnissen akzentuiert werden können,

- in Fächern wie zum Beispiel Musik, Physik und Mathematik angeboten werden können, die in bilingualen Zügen weniger zum Tragen kommen,
- die Ausprägung des Schulprofils unterstützen und befördern,
- durch die Arbeit an anspruchsvollen, authentischen Problemstellungen einen für die Schülerinnen und Schüler motivierenden Themen- und Praxisbezug herstellen,
- eine interkulturelle Sicht auf bestimmte Gegenstände eröffnen, zum Beispiel über die Einbeziehung von Quellen in beiden Sprachen.

Qualitätskriterien im bilingualen Lehren und Lernen

Für die Planung bilingualer Module gelten die gleichen Qualitätskriterien wie für jeglichen guten Unterricht. Die Wahl eines geeigneten Themas innerhalb des Sachfaches, die Bestimmung zu erreichender Ziele und der dafür geeigneten Methoden sind dabei in bilingualen Modulen besonders wichtig.

Grundlage für die Planung von Lernprozessen ist die von LEV VYGOTSKY beschriebene Zone der proximalen Entwicklung (1978). Danach sind diejenigen Lernprozesse am erfolgreichsten, die ausgehend von einer genauen Analyse des Kompetenzniveaus der Lernenden Aufgaben formulieren, die eine kalkulierte Überforderung beinhalten. Dies bedeutet, dass Schülerinnen und Schüler die zu bewältigende Aufgabe nur mithilfe angemessener Stützmaßnahmen lösen können. Auch HAMMOND/GIBBONS (2008) kommen zu dem Schluss, dass die effektivsten Lernprozesse in der Kombination anspruchsvoller Unterrichtsszenarien mit adäquatem *Scaffolding* ablaufen.

Das Wort „Scaffolding" findet erstmals 1347 in den Durham Acc. Rolls (The Compact Edition of the Oxford English Dictionary 1971, 2652) schriftliche Erwähnung. Hier wird es definiert als „The temporary framework of platforms and poles constructed to provide accommodation for workmen and their materials during the erection, repairing, or decoration of a building." Der ursprünglichen und der im Kontext von Bildungsprozessen genutzten Bedeutung ist gemein, dass es sich um unterstützende Gerüste handelt, die für die Periode der Arbeit an einem Gegenstand/Objekt genutzt werden.

Scaffolding – ein temporäres Gerüst sprachlicher Unterstützung

In der methodisch-didaktischen Literatur wird der Begriff des *Scaffoldings* sehr unterschiedlich verwendet. Es werden damit sowohl inhaltliche und methodische als auch sprachliche Unterstützungsangebote bezeichnet, die in Abhängigkeit vom Vorwissen der Schülerinnen und Schüler zum Einsatz kommen. In der deutschsprachigen Fachliteratur findet sich neben dem aus dem Englischen stammenden Begriff *Scaffolding* auch die Formulierung „unterrichtsmethodische Stützmaßnahmen" (ZYDATISS 2010). Zugrunde liegen den Begrifflichkeiten im Wesentlichen die Funktionen:

- differenzierte Angebote an Schülerinnen und Schüler für die Erreichung der Lehrplanziele zu unterbreiten,
- Mittel und Methoden bereitzustellen, die Lernende dazu befähigen, sich Wissen anzueignen, das auf andere Zusammenhänge anwendbar ist.

Zusammenhang zwischen Kognition und Sprache

In bilingualen Modulen muss besonderes Augenmerk darauf gerichtet werden, dass die Schülerinnen und Schüler den Unterrichtsgegenstand in der Fremdsprache bewältigen können. Bereits im muttersprachigen Sachfachunterricht kann es zu einer Differenz zwischen kognitiven und sprachlichen Kompetenzen der Schülerinnen und Schüler kommen, da die systematische Entwicklung fachsprachlicher Kompetenzen noch nicht immer die Arbeit am Lerngegenstand begleitet. Sprachsensibler Fachunterricht, nicht nur im Kontext bilingualer Module, sondern zuerst im muttersprachigen Bereich, ist eine Voraussetzung für die erfolgreiche Bewältigung des Sachfachinhalts. Um dieses Ziel zu erreichen, sollte *Scaffolding* integrativer Bestandteil jeglichen Unterrichts sein. Es liegt in der Verantwortung der Lehrperson, in der Planungsphase den kognitiven und sprachlichen Entwicklungsstand der Lernenden bezogen auf den Unterrichtsgegenstand zu diagnostizieren und darauf basierend differenzierte Unterstützungsangebote zu entwickeln.

Modul „Earthquakes"

In diesem Artikel soll an konkreten Beispielen aufgezeigt werden, wie *Scaffolding* im sprachlichen Bereich aussehen kann. Die Beispiele entstammen einem Modul zum Thema „Earthquakes", das in der Klassenstufe 8 eines Thüringer Gymnasiums durchgeführt wurde. Das Modul umfasst 5–6 Stunden. Im Thüringer Lehrplan Geographie (Entwurfsfassung 2011, 6) finden sich die folgenden (fach-)didaktischen Prinzipien, die auch der Modulplanung zugrunde liegen:

- exemplarisches Lernen, welches auf die Auswahl von geographisch relevanten Problemfällen zielt, an deren Beispiel Verallgemeinerbares gelernt und auf ähnliche Themen transferiert werden kann,
- Geographie als methoden- und medienintensives Fach, das den Einsatz vielfältiger analoger und digitaler Medien miteinander verbindet,
- Wissenschaftsorientierung, welche die sachliche Richtigkeit von vermittelten Informationen, die Vertretbarkeit von didaktischen Entscheidungen vor dem Hintergrund der Fachwissenschaften garantiert.

In Bezug auf die Sachkompetenz wird im Lehrplan Geographie für die Klassenstufen 7/8 angeführt, dass der Schüler „ausgehend vom Bau des Erdkörpers plattentektonische Strukturen und Prozesse beschreiben kann" (ebd., 14). Darauf basierend stehen die folgenden Themen im Fokus dieses Moduls:

- Folgen von Erdbeben
- Verbreitung von Erdbeben
- Ursachen von Erdbeben
- Messen von Erdbeben
- Schutzmaßnahmen

Neben der systematischen Entwicklung der allgemeinsprachlichen Kommunikationsfähigkeit dient *Scaffolding* dem Aufbau eines themenspezifischen Wortschatzes. Diesen benötigen die Lernenden, um Texte angemessen, sachlich und terminologisch exakt rezipieren und produzieren zu können.

Authentische Texte – nicht nur als Basis für Lexikaufbau

Einen möglichen Weg zum Aufbau eines entsprechenden Fachwortschatzes eröffnet die Arbeit an authentischen Texten. Notwendige Fachterminologie kann auf ihrer Grundlage von den Lernenden weitgehend selbstständig erschlossen werden. Ziel der Arbeit am folgenden Text könnte zum Beispiel sein, zentrale Begriffe zum Thema „Earthquakes" zu erkennen und ihre Bedeutung zu erarbeiten.

Das Ergebnis könnte wie in der Tabelle auf der folgenden Seite dargestellt aussehen. Zur Absicherung der terminologischen Zweisprachigkeit werden hier von den Lernenden nicht nur die fremdsprachigen Fachbegriffe und ihre Definitionen, sondern auch die deutschen Äquivalente angegeben.

Kopiervorlage

How earthquakes are measured

Earthquakes are measured with the help of a machine called a seismograph. The seismograph records how long an earthquake lasted, where it was, in which direction it spread and how strong it was. Scientists call the place where an earthquake starts, that means where it is in the earth the focus or hypocentre. The waves spread from the focus in all directions. The focus can be near the earth's surface or deep in the earth. The place on the surface directly above the focus is called the epicentre. It is usually the place where most damage is done.

Whenever you read or hear about an earthquake, you are not only told where it was but also how strong it was, that means you learn about the earthquake's magnitude.

Term	Definition	Terminus
seismograph	machine that records how long an earthquake lasted, where it was, in which direction it spread and how strong it was	Seismograph
focus, hypocentre	the place where an earthquake starts, where it is in the earth	Hypozentrum, Erdbebenherd
…		

Auch visuelle Umsetzungen bieten sich für die Arbeit mit Texten an. So können zum Beispiel auf der Grundlage des Textes

- Bilder, Skizzen, Fotos beschriftet (*Labelling*),
- Skizzen- oder Bildfolgen in eine chronologische Reihenfolge gebracht,
- Zeitleisten, Diagramme, Skizzen und andere Visualisierungen erstellt

werden. Für den hier verwendeten Text wäre z. B. die Erstellung und/oder Beschriftung einer Skizze zur Unterscheidung von Epi- und Hypozentrum denkbar.

Visualisierungen dienen jedoch nicht nur der Textrezeption, sondern sind auch Ausgangspunkt für die mündliche oder schriftliche Sprachproduktion. Je nach Umfang der sprachlichen Unterstützung lassen sich hier differenzierte Aufgaben entwickeln.

Differenzierung durch Scaffolding

Durch ein Angebot von fachspezifischen Textbausteinen (s. die Kopiervorlage auf S. 20 oben) können Schülerinnen und Schüler in die Lage versetzt werden, zunächst gelenkt Aussagen zu verschiedenen Aspekten des Themas zu treffen. Umfang und Auswahl sprachlicher Unterstützung richten sich zum Beispiel nach dem Grad der Kompetenzentwicklung und der Komplexität der Aufgabe. Für das Modul „Earthquakes" werden den Lernenden unter anderem die abgebildeten Angebote zur Formulierung von Ursache-Wirkungs-Beziehungen zur Verfügung gestellt.

Darüber hinaus sollten die Lernenden in einem weiteren Schritt befähigt werden, verschiedenste Relationen zwischen Sachverhalten auszudrücken. Dies kann über Linker, wie zum Beispiel *because of, as a result, as a consequence, first – then* oder den Gebrauch von Aktiv-/Passivstrukturen realisiert werden.

Ein wichtiger Bestandteil bilingualer Module ist auch die Einbeziehung authentischer Audio-/Videosequenzen. Vor allem bei der Rezeption dieser anspruchsvollen Medien ist *Scaffolding* essenziell.

Kopiervorlage

	An earthquake	causes	damage. death. destruction.
		leads to	
		results in	
One of the consequences of	an earthquake	is	
Consequences of		are	

An earthquake	is followed by	smaller ones.
		aftershocks.
	usually lasts for	a short time.
		a few seconds.

Hör-/Hörsehverstehen im Modul „Earthquakes“

Um im Anschluss an die Rezeption zweier Filmausschnitte (Filmausschnitt *10.5*, Videoausschnitt *Santa Cruz*) zu Folgen von Erdbeben das Gesehene in der Fremdsprache artikulieren zu können, erhalten die Schülerinnen und Schüler eine Liste mit Wendungen zum Ausdruck möglicher Konsequenzen von Erdbeben (s. die Kopiervorlage S. 21 oben). Sie erarbeiten zunächst die deutschen Entsprechungen für die gegebenen englischen Wendungen nach der Methode *Denken – Austauschen – Präsentieren* (*Think-Pair-Share*). Danach kreuzen die Schülerinnen und Schüler alle Folgen von Erdbeben an, die sie in den Filmsequenzen erkennen.

Um zu einer zunehmend freien Sprachverwendung zu gelangen, bieten sich Übungsformate wie *Heads and Tails*, *Question Loop*, *Multiple Matching*, *Memory* und *Scrambled Words* (s. S. 21 unten und S. 22) an. Diese Übungsformate tragen der Erkenntnis Rechnung, dass Lernen ein sozialer Prozess ist, in dem Wissen von den Akteuren gemeinsam im Kommunikationsprozess konstruiert wird. Sie ermöglichen die Arbeit in verschiedenen Sozialformen; sowohl Einzel-, Partner- als auch Gruppenarbeit sind denkbar.

Kopiervorlage

Consequences of an earthquake	In the film		deutsche Entsprechung
	yes	no	
The ground shakes.	☐	☐	
Buildings shake.	☐	☐	
Buildings are destroyed.	☐	☐	
Buildings are damaged.	☐	☐	
Buildings burn.	☐	☐	
Bridges collapse.	☐	☐	
Cars fall off the bridge.	☐	☐	

Aktivierung durch Methodenwechsel

Das Format *Heads and Tails* eröffnet vielfältige Anwendungen. Es bietet sich zum Beispiel für die Arbeit mit Satzhälften oder Begriffen und ihren Definitionen an. Eine Variante dieser Übungsform stellt die Methode *Question Loop* dar, bei der Fragen und Antworten in gleicher Art und Weise angeordnet werden. So können Sachgegenstände gefestigt werden. Alternativ können die zu übenden Einheiten auch in Form eines *Memory* umgewälzt werden.

Das Format *Scrambled words/phrases/sentences/texts* ist eine Methode, die gerade in der Festigungs- bzw. Wiederholungsphase eingesetzt werden kann. Die Schülerinnen und Schüler benötigen neben Sachkompetenz auch Methodenkompetenz, um Strukturen unterschiedlicher Komplexität erkennen und rekonstruieren zu können.

Neben Wörtern können auch Teile von Sätzen und Texten in ihrer Reihenfolge geändert werden. An die Lernenden ergeht der Auftrag, die inhaltlich logische und sprachlich korrekte Reihenfolge wiederherzustellen.

HEAD 1	…
buildings	TAIL 1
water pipes	are destroyed
…	leak

Heads and Tails

- *Vorlage nach dem Muster oben entwickeln*
- *in Streifen zerschneiden*
- *an die Schülerinnen und Schüler verteilen*
- *ein(e) Schüler(in) liest Begriff/syntaktische Einheit links vor*
- *der/die Schüler(in) mit passendem Begriff/syntaktischer Einheit rechts vervollständigt und liest dann Begriff/syntaktische Einheit links vor*

Kopiervorlage

Consequences of an earthquake – Unscramble the words

1. Water (p)siep ________________ (b)krae ________________ .
2. There are (f)reis __________________ .
3. Buildings are (d)odsetrye ________ / are (d)emagad __________ .
4. Roads are (b)cdlkeo _______________ .
5. Cars (f)lal _________________ off the (b)dgeri _____________ .
6. The ground (s)khase _______________ .
7. People (c)tan' ________ (s)ntda _______ (e)ialys ___________ .
8. There is no (e)cyiitltrec ________/ no (t)oneeplhe ____________ .

Scaffolding – Wege zur Anbahnung erfolgreicher Kommunikation

Im vorliegenden Artikel wurden Möglichkeiten des *Scaffoldings* aufgezeigt. *Scaffolding* in all seinen Facetten dient immer dazu, die Lernenden gemäß ihrem Entwicklungsstand zur effektiven Teilnahme an der Kommunikation zu befähigen. Dies trifft in besonderem Maße auf die Arbeit in bilingualen Modulen zu.

Bilingualer Geographieunterricht

Michael Streifinger

3

Die Schulgeographie mit ihrer Fülle von realitätsnahen Themengebieten, ihrer medienzentrierten Unterrichtspraxis und ihrer natur- und gesellschaftswissenschaftlichen Ausrichtung ist als bilinguales Sachfach prädestiniert. Der Geographieunterricht zählt heute deutschlandweit zu den Schulfächern, die am häufigsten im bilingualen Angebot aufschlagen (BRUCKER 2009, 128).

Schulgeographie als bilinguales Sachfach

Grundsätzlich gilt, dass sich der bilinguale Geographieunterricht an den didaktisch-methodischen Zielsetzungen des deutschsprachigen Sachfachunterrichts orientiert. Lediglich in den Anfangsklassen erscheinen eine stärkere Lehrerzentrierung und eine langsamere Stoffprogression sinnvoll.

Ziele des Faches im bilingualen Kontext

Im bilingualen Kontext gelten auf sachfachlicher Ebene die gleichen Ziele wie im deutschsprachigen Geographieunterricht. Die Schülerinnen und Schüler beschäftigen sich jahrgangstufenübergreifend mit regionalen und globalen natur- und kulturgeographischen Strukturen und Prozessabläufen. Ziel ist es, den Lebensraum Erde in seiner Einzigartigkeit, Fragilität und Vielfalt zu begreifen. Anhand von aussagekräftigen Beispielen wird einerseits die individuelle Raumwahrnehmung geschult, andererseits die Fähigkeit weiterentwickelt, räumliche Einzelphänomene in einen globalen Zusammenhang zu stellen. Durch plastische Einblicke in naturgeographische Gesetzmäßigkeiten und in geoökologische Gefährdungspotenziale werden die Schülerinnen und Schüler für den verantwortungsbewussten Umgang mit der Umwelt und den natürlichen Ressourcen sensibilisiert. Die Begegnung mit europäischen und außereuropäischen Regionen und Ländern ermöglicht nachhaltige Einblicke in die kulturelle Vielfalt auf der Erde und führt zu einem weltoffenen Verhalten.

Ziele auf sachfachlicher und fremdsprachlicher Ebene

Auf der fremdsprachlichen Ebene hat die Verbesserung der individuellen Sprachkompetenz Priorität. Ziel ist es, durch die Bereitstellung von themengebundenen Wortschatzhilfen und situationsabhängigen Redemitteln Kommunikationsfunktionen zu aktivieren, die das sachfachliche Lernen ermöglichen (siehe auch der Abschnitt „Der kompetenzorientierte Ansatz" S. 24 f.). Dazu zählen u. a.:

- Beschreibung von Abbildungen, Karikaturen
- Analyse von Diagrammen, Tabellen, Texten

- Bewertung von Statistiken, Zeitungsartikeln
- Diskussion von Film- und Wortbeiträgen
- Kommentierung von Kausalzusammenhängen
- Verbalisierung von Problemlösungsansätzen

Ziele des bilingualen Geographieunterrichts

Was?	**Wie?**
• Deutscher Fachlehrplan als Wegweiser; • Fokussierung auf Zielsprachenländer; • Verbesserung der Sprachkompetenz	• Themenzentrierte Wortschatzarbeit; • Aktivierung von Kommunikations-funktionen; • Situative Progression von Lehr-/Lerninhalten
Ziele des bilingualen Geographieunterrichts	
Warum?	**Womit?**
• Beherrschung der Mehr-sprachigkeit als langfristige interkulturelle Kompetenz	• Gegenwartsbezogene Fachinhalte; • Schüleraktivierende Materialien und Medien

Abb. 1: Ziele des bilingualen Geographieunterrichts (verändert nach HOFFMANN *2009. In:* BRUCKER *2009, 129)*

Der kompetenzorientierte Ansatz

Kompetenzorientierung in der Schulgeographie

Das Unterrichtsfach Geographie übernimmt im Fächerkanon eine Brückenfunktion zwischen naturwissenschaftlichen und gesellschaftswissenschaftlichen Denkansätzen und-strukturen. Daraus ergeben sich auch im bilingualen Kontext Konsequenzen für die fachimmanente Kompetenzstruktur. Diese beinhaltet die in der Tabelle 1 aufgeführten Kompetenzbereiche, die im Rahmen der schulischen Allgemeinbildung zu einer geographischen Gesamtkompetenz verwachsen sollen.

Tabelle 1: Kompetenzbereiche im Fach Geographie

Kompetenzbereich	Inhalte und Ziele
Fachwissen (F)	Analyse von Wechselbeziehungen zwischen Mensch und Umwelt; Erfassung von Räumen auf verschiedenen Maßstabsebenen
Räumliche Orientierung (O)	Fähigkeit der Raumorientierung; Topographisches Wissen, Kartenkompetenz, Reflexion von Realraumwahrnehmungen
Erkenntnisgewinnung/ Methoden (M)	Auswertung und Beschreibung geographisch relevanter Informationen aus dem realen und medialen Kontext
Kommunikation (K)	Fähigkeit der Versprachlichung und Präsentation geographischer Sachverhalte; gruppenbezogener Erfahrungsaustausch und individueller Verständnisgewinn
Beurteilung/Bewertung (B)	Kriterienorientierte Beurteilung raumbezogener Sachverhalte, medialer Informationen sowie fachlicher Erkenntnisse
Handlung (H)	Fähigkeit und Bereitschaft zu geographischem Handeln in unterschiedlichen natur- und sozialraumgerechten Kontexten

Verändert nach DGfG 2010, 9

Unterrichtsbeispiele / Praxisbausteine

Beispiel 1: Scotland – Great Britain's Alaska (7./8. Klasse)

Great Britain's Alaska – Lesson structure Scotland

Ziel der vorliegenden bilingualen Unterrichtseinheit ist es, den Schülerinnen und Schülern der 7./8. Jahrgangsstufe zunächst den Naturraum Schottland anhand geographischer Arbeitsmethoden näherzubringen. Darauf aufbauend soll im Anschluss eine schüleraktivierende Verknüpfung zwischen der naturräumlichen Ausstattung Schottlands und landestypischen Wirtschaftsstandorten und Tourismuszentren stattfinden. Abrundend setzen sich die Schülerinnen und Schüler mit dem Thema „Land und Leute – schottische Kultur" auseinander. Dies geschieht im Sinne der interkulturellen Kompetenzförderung als wesentlicher Baustein im bilingualen Unterrichtskontext.

Tabelle 2: Bilinguale Unterrichtsreihe zum Thema „Scotland – Great Britain's Alaska"

Lesson structure	Topics	Means of transport & activities
Lesson I	The geography of Scotland • landscapes • climatic conditions • vegetational zones	 • satellite image / atlas (M I, 2) pa • climate graphs (M 3) cd • picture gallery (M 4) sa
Lesson 2	Scotland's economy • "black gold" • "Silicon Glen" • tourism	 • film clip "Life on an oil rig" gd • newspaper report ga • internet research hw
Lesson 3	Culture and tradition • Scotland's secret anthem • haggis and more • "Braveheart competition"	 • song "Loch Lomond" ta • recipe book ga • quiz sa

Key: sa single activity; pa partner activity; ga group activity; gd group discussion; cd discussion in class; hw homework; ta teacher activity

Kopiervorlage

Scotland – Great Britain's Alaska

Introduction

Quite a number of geographical reasons seem to justify the notion that Scotland is called **Great Britain's Alaska**. Its **population density** is the lowest in the UK. Only 5.15 million Scottish people occupy 33 % of Great Britain's total land area. Moreover, the typical **Scottish landscapes** mirror the Alaskan situation: highlands and islands, uplands and lowlands, all embedding river systems. Another reason is the **economic situation** on both sides of the Atlantic Ocean. Scotland and Alaska profit from rich oil resources, from a prospering fishing industry and, of course, tourism. Only in terms of the **annual climate**, are Alaska's conditions far more challenging compared to Scotland: extremely low temperatures during the long winter period with a lot of ice and snow, and measurably cooler summers. In contrast, Scotland profits from the mild **Gulf Stream** throughout the year.

Task

Scotland is often called "Great Britain's Alaska". Have a look at the satellite image of Scotland. Try to find reasons for this statement.

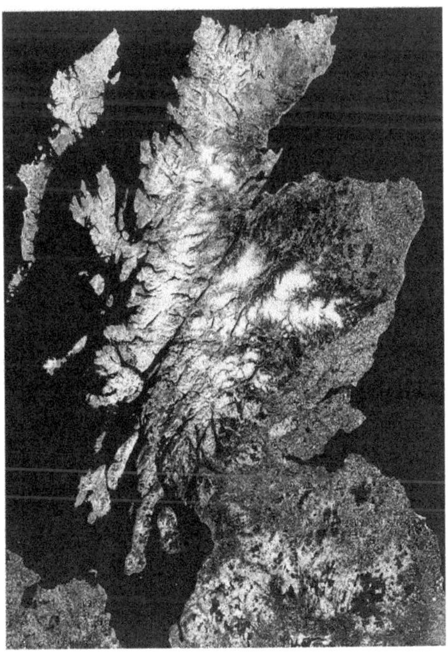

Source: Firtree Publishing Ltd (Hrsg.): Scotland The Impression, Landsat 5, Earth Orbit, Copyright: ERSUN, Fort William 1995

Kopiervorlage

Scottish landscapes and relief

Try to name typical Scottish landscapes by interpreting the following pictures and by using a suitable map of Scotland. Work together in pairs.

Picture 1

Picture 2

Picture 3

Picture 4

Sources: Privates Bildarchiv. M. Streifinger 2012

Kopiervorlage

Climate graphs

Focus on the annual climatic conditions on Scottish soil. The following two climate graphs will help you to spot differences due to variable location. Discuss your results in class.

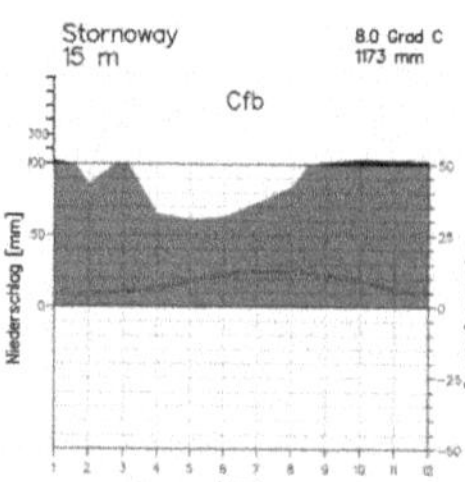

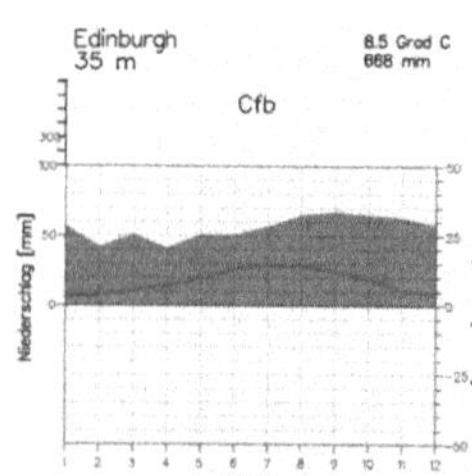

Sources: Climate graphs Stornoway/Outer Hebrides and Edinburgh; www.klimadiagramme.de /Europa/ Schottland; aufgerufen am 26.11.12

Webcode: BU039142-006
Webcode: BU039142-007

Vegetational zones in Scotland

This worksheet gives you an insight into the vegetational surface in Scotland. Describe each picture by focusing on its particular vegetation. Work on your own.

Picture 1

Picture 2

Picture 3

Picture 4

Sources: Privates Bildarchiv M. Streifinger 2012

Australia – the fifth continent down under: Lesson structure Australia

Beispiel 2: Australia – Discover the "Fifth Continent" (10. Klasse)

Das Thema „Australien" ist – wie auch „Schottland" – in vielerlei Hinsicht geradezu prädestiniert, Unterrichtsgegenstand im bilingualen Geographiekontext zu sein. Zum einen erlaubt die Auseinandersetzung mit diesem historisch gewachsenen englischsprachigen Kulturraum ein hohes Maß an Authentizität. Eingesetzte (Bild-, Text- und Ton-)Materialien fördern die interkulturelle Kompetenz der Schülerinnen und Schüler, unterstreichen aber auch den exotischen Anmutungscharakter dieses europafernen Raumes. Möglicherweise tragen die Schülerinnen und Schüler selbst durch persönliche Reiseerfahrungen, zum Beispiel als Gastschüler in Australien, zu einer Optimierung der gegenwartsbezogenen Fachinhalte bei. Zum anderen bietet das Thema „Australien" eine Fülle an schüleraktivierenden und Interesse weckenden Impulsen, welche die fremdsprachliche Kommunikationsbereitschaft in der Klasse erhöhen.

Ziel der vorliegenden bilingualen Unterrichtseinheit ist es, die Schülerinnen und Schüler der 10. Jahrgangsstufe anzuleiten, den „Fünften Kontinent Australien" selbsttätig zu entdecken. Dazu wird die Methode des **Gruppenpuzzles** gewählt. Zentraler Gedanke hierbei ist die Erarbeitung verschiedener themenrelevanter Aspekte durch sogenannte Experten, die im Anschluss an die Vorbereitungsphase ihr Wissen an die Mitglieder ihrer Stammgruppe weitergeben. Abschließend findet eine Lernkontrolle statt, die das erworbene Wissen aus den einzelnen Expertengruppen gleichrangig abprüft (s. die Abbildung auf der folgenden Seite).

Organigramm für ein Gruppenpuzzle

1. Wissenserwerb	Die Schüler einer Klasse werden gleichmäßig auf die Themengebiete verteilt und arbeiten sich individuell in ihr jeweiliges Themengebiet ein (Zeitbedarf: 30 min): **1 Entstehung von Gletschern** **2 Aufbau und Einteilung von Gletschern** **3 Gletscher formen die Landschaft** **4 Bedeutung von Gletschern für den Menschen** Die Schüler überprüfen ggf. ihr Wissen anhand einer Lernkontrolle (Zeitbedarf: 15 min).
2. Expertenrunde	Die Experten eines Themengebiets setzen sich zusammen und besprechen, wie sie das erworbene Wissen an ihre Mitschüler weitergeben wollen (Zeitbedarf: 30 min): 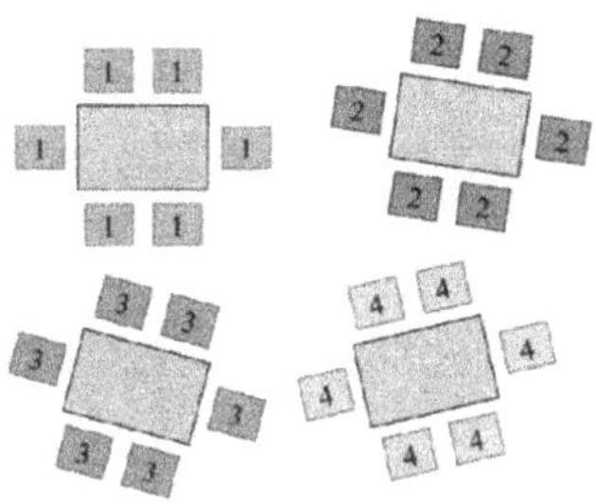
3. Stammgruppen	Die Experten unterrichten ihre Mitschüler über ihr Themengebiet (Zeitbedarf: etwa 15 min pro Thema): 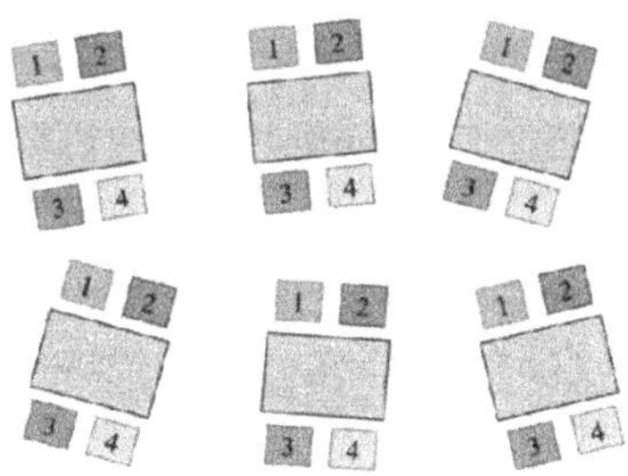
4. Lernkontrolle	Das Gelernte wird in einem Test abgeprüft.

Abb. 2: Haubrich 2006, 115

Tabelle 3: Gruppenpuzzle zum Thema „Australia – Discover the Fifth Continent“

Lesson structure	Group puzzle proceeding	Means of transport & activities	
Lesson I	level I: acquiring knowledge Pupils in a class form groups of equal size to work on given topics: • wanted poster "Australia" • climate and vegetation • urban life • Aboriginal culture	• map activity / atlas (M5) • climate graphs / atlas (M6) • text / pictures (M7) • interview (M8)	sa sa sa sa
Lesson 2	level II: expert groups Experts come together topicwise to discuss how to transport the acquired knowledge into core groups.		ga
Lesson 3	level III: core groups Each expert instructs his or her core group focusing on his or her topic. Final test in class		ea sa

Key: sa single activity; ga group activity; ea expert activity

Kopiervorlage

Australia – a geographical portrait

Introduction

Did you know that …

- … the meaning of "Australia" is "unknown southern land"?
- … Australia's nickname "Down Under" refers to its location in the southern hemisphere, namely down under the equator?
- … until 1788, Australia was only populated by 300,000 Aborigenes?
- … today more than 90 % of Austalia's total population (20 million people) live in urban areas not far from the coasts?
- … Australia is part of a region called "Oceania"?
- … Australia is the continent with the most dangerous animals in the world?
- … Australia is also a country of breathtaking landforms and spectacular landscapes?

Task

Search for a suitable physical map of Australia in your atlas. Try to find out more about Australia's vegetation, landforms and landscapes.

Climate and vegetation

Compare the following Australian climate graphs in terms of their annual precipitation and monthly temperatures. Secondly, note down the typical vegetation of each location. Use a suitable map for this task.

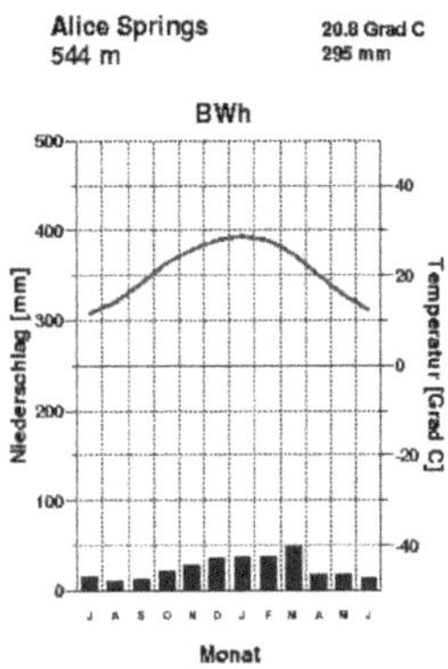

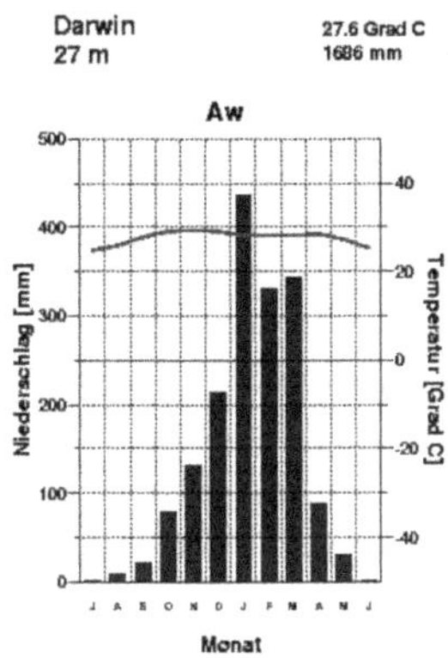

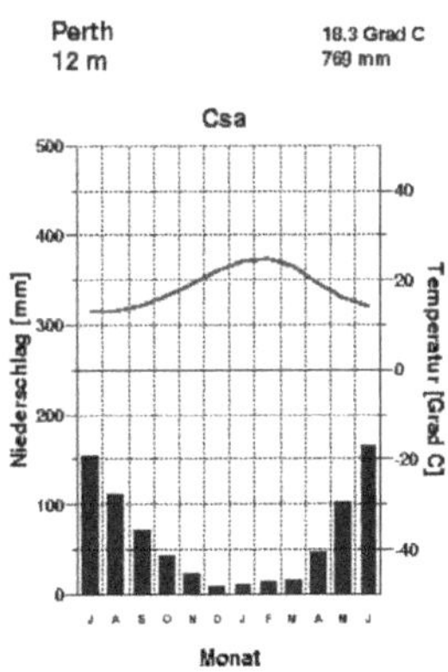

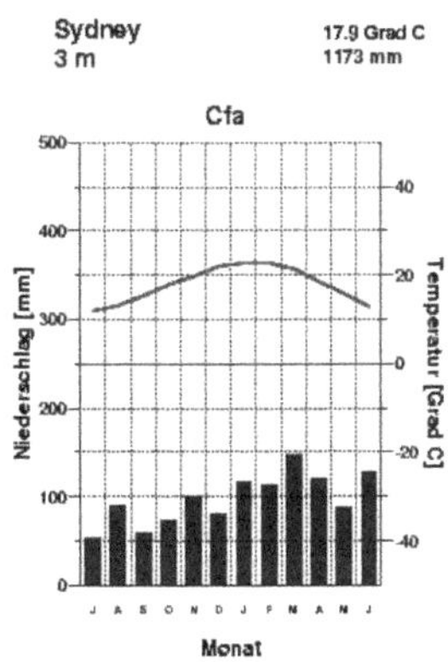

Sources: Climate graphs Alice Springs/Darwin/Perth/Sydney; www.klimadiagramme.de/Australien; aufgerufen am 09.11.2012

Kopiervorlage

Urban life

First read the texts about urban life in Australia. Then work on the tasks below.

Sydney

Sydney was founded in a coastal bay in 1788 by the English captain Arthur Phillip, commodore of the First British Fleet, as a penal colony. Today Sydney is the most populous city in Australia with an approximate population of 4.6 million. Surrounded by national parks and coastal features, Sydney is ranked among the "top 100 most liveable cities" in the world.

Brisbane is the third most populous city in Australia with about 2.1 million inhabitants. Brisbane was named after Sir Thomas Brisbane, the Governor of New South Wales from 1821 till 1825. It is situated on the banks of the Brisbane River, 23 kilometres from its mouth at Moreton Bay.

Canberra is the capital of Australia. With a total population of 358.000 residents, Canberra is Australia's largest inland city, 280 kilometres south-west of Sydney. In 1908, Canberra was chosen as the location of the nation's capital as a compromise between the rival cities Melbourne and Sydney and therefore entirely planned and newly built.

Tasks

1. Note down reasons why Sydney is ranked among the "top 100 most liveable cities" in the world.

2. Sum up the advantages of an Australian city located on the banks of a river like Brisbane.

3. Collect ideas to explain what an entirely planned city like Canberra looks like.

Aboriginal culture and history

The following interview with the Aboriginal Ben gives you an insight into Australian culture and history. Underline the most important pieces of information with a pencil.

Interviewer: For a start could you give us an insight into the history of the Aborigines?

Ben: Until the year 1788, Australia was solely inhabited by the Aboriginal people. My ancestors reached the fifth continent across a land bridge from Asia about 30,000 years ago. When the first European settlers came, about 300,000 Aborigines lived all over the continent. But many of my brothers and sisters were killed by the early settlers and driven into remote areas.

Interviewer: What about the situation of the Aborigines today?

Ben: Today, more than half of the 155,000 Aborigines, which is only 1 % of the Australian population, live in towns or cities. The others are still living in the Outback, but only few of them pursue our traditional life style. The problem is that many Aborigines cannot cope with city life. They have no job perspectives, often turn to drink or even become criminals.

Interviewer: Have there been any positive perspectives for the Aborigines in the last few decades?

Ben: Well, for a long time the Aborigines did not have any rights. Our first success was Australian citizenship, granted to our people in 1967. In the late 1970s, the so called Land Right Act regulated the return of the land to the traditional inhabitants. As a consequence, the land around Ayers Rock was given back to our people. Today, we govern the land together with the whites but they still keep the majority in this project.

Interviewer: Finally, tell us something about your traditional way of life.

Ben: Traditionally, we live in tribal areas all around Australia. Each tribe, run by a council of elders, has special rules and customs. We are specialists in rock painting, which symbolizes a link between our ancestors and the living people. We transport goods on special sales routes from one territory to another. At intersections we often come together for story telling, singing and dancing.

Interviewer: Thank you very much for this interview!

Ben: My pleasure …

4 Anders verstehen – der CLIL-Ansatz im kompetenzorientierten Geschichtsunterricht

Nicola Brauch, Annette Deschner und Carola Gruner-Basel

Im Fach Geschichte ist in den letzten zehn Jahren die Kompetenzorientierung weitgehend angekommen, sowohl was die Lehrpläne als auch was die Lehrerbildung anbelangt.

Kompetenzorientierung fördert Problemlösungsfähigkeit

Kompetenzorientierung bedeutet, dass Inhalte an Problemen erarbeitet werden, die die Lehrperson an der Schnittstelle von Alltag, Fach und Lehrplan auswählt. In unserem Unterrichtsbeispiel geht es in diesem Sinne darum, das durch populäre historische Ritter-Erzählungen vorgeprägte Geschichtsbewusstsein von Schülerinnen und Schülern mit dem historischen Wandel des Ritterbegriffs zu reflektieren. Dadurch können die Schülerinnen und Schüler eine Haltung der Kritik gegenüber historischen Erzählungen erlernen, die stets abhängig davon sind, wer sie wann und wo verfasst hat (Konstruktcharakter von Geschichte). Im bilingualen Geschichtsunterricht wird das Potential der Einsichtnahme in die standortbedingte Konstruktion historischer Erzählungen dadurch erweitert, dass der räumliche Standortbezug in besonderer Weise thematisiert „zur Sprache" kommt.

Angestoßen von der Lehrperson werden Schülerinnen und Schüler in historisches Denken involviert, indem sie ihre Einstellungen und ihr Wissen mit den Mitschülern diskutieren. Die Geschichtsdidaktik nennt die hier geförderte Fähigkeit Narrativität, die CLIL-Didaktik (CLIL = Content and Language Integrated Learning) spricht von Diskursivität. Faktuales Wissen ist dabei die Voraussetzung dafür, historische Kontexte und Fachbegriffe auf historisch relevante Leitfragen zu beziehen und im Diskurs über die Bewertung dieser Fragen prozedurales Wissen einzuüben.

Die Spezifik kompetenzorientierten CLIL-Unterrichts im Fach Geschichte

Historisches Lernen im Zeitalter der Kompetenzorientierung

Das von einer internationalen Forschergruppe (Körber u. a. 2007) vorgelegte historische Kompetenzmodell zur „Förderung und Entwicklung reflektierten und selbst-reflexiven Geschichtsbewusstseins" (im Folgenden FUER) ist unseres Erachtens besonders anschlussfähig an die Ziele historischen bilingualen Lernens und Lehrens. Die Initiation des Lernprozesses erfolgt über eine authentische historische Leitfrage mit gesellschaftlicher Relevanz. Diese Frage dient zur Erschließung fachlicher Inhalte und Begriffe, die die Lehrperson so auswählt, dass Lernenden eine diskursive Beantwortung ermöglicht wird. Ziel solchen Lernens ist die sprachliche Befähigung Lernender zur Partizipation an gesellschaftlich relevanten Diskursen mit historischen Bezügen.

Befähigung zur Partizipation an gesellschaftlichen Diskursen

Die vier Kompetenzbereiche, zwischen denen das Modell differenziert (Frage-, Methoden-, Sach-, Orientierungskompetenz), folgen der Logik wissenschaftlichen Denkens und sind mit den spezifischen Erkenntnisweisen und Methoden von Geschichte gefüllt. Tabelle 1 zeigt die vier Kompetenzbereiche und ihre Unterbereiche am Beispiel des Begriffs „Ritter" im Geschichtsunterricht.

Tabelle 1: Die Kompetenzförderung historischen Denkens nach FUER (2007) und seine Anschlüsse an die Dimensionen der CLIL-Kompetenzen nach BONNET/BREIDBACH/HALLET *(2009)*

Komplexe Bewertungsaufgabe „Stimmen unsere Bilder vom Rittertum im Mittelalter?"	
Kompetenz	**Teilbereiche**
Fragen	Eine historische Frage stellen können
	Eine historische Frage in einer Narration erkennen können
Methoden CLIL SPRACHLICHE DIMENSION	De-Konstruktion: Analyse einer Fragestellung
	Re-Konstruktion: Narrativierung des Resultats der Analyse
„Sachen" CLIL KONZEPTUALE DIMENSION	Fachbegriffe zur Erschließung der historischen Dimension „Ritter" kennen
	Strukturierung und Einordnung der Informationen → Narrativierung
Orientierung CLIL REFLEXIVE DIMENSION	Identität
	Alterität
	Pragmatik
	Re-Organisation von Geschichtsbewusstsein

Kompetenzaneignung im bilingualen Geschichtsunterricht

Perspektivität von Sprachen der Vergangenheit und Gegenwart

Das Spannende am CLIL-Ansatz im Sachfach Geschichte besteht mithin in der Konzeption einer komplexen Problemstellung an der Schnittstelle von Alltagsrelevanz, Curriculum und Geschichtswissenschaft. Zwei geschichtsdidaktische Basis-Prinzipien werden durch diesen Ansatz gefördert: erstens die Multiperspektivität durch die Unterschiede der kulturellen Konzepte in den beiden Sprachen, in unserem Beispiel des Begriffs „Ritter", und zweitens Narrativität durch den didaktischen Fokus auf Sprech-Anlass und *Story-Telling*.

Interkulturelles Lernen im CLIL-Geschichtsunterricht

Der spezifische Beitrag des Faches Geschichte zum interkulturellen Lernen ist Teil der Frage nach den Folgen der Kompetenzorientierung für historisches Lernen (Georgi/Ohliger 2009). Geschichtsdidaktische Schlüsselbegriffe sind dabei Multiperspektivität und Fremdverstehen, die didaktisch durch die Ermöglichung von Perspektivenübernahme angeregt werden (Personalisierung). Die kognitive Anforderung, die diese Einsicht zu Tage fördert, ist komplex: Historisches Lernen bringt das aufnehmende Subjekt gleich mit mehreren unterschiedlichen Deutungssystemen von Wirklichkeit in Berührung. Das sind im deutschsprachigen Unterricht die „Fremdsprachen" der Wissenschaft im Unterschied zum Alltag und diejenige der Quellen aus der Vergangenheit im Unterschied zur Gegenwart. Übertragen auf unser Unterrichtsbeispiel hieße das, dass „der Ritter" im Alltag ein hochgerüsteter, auf sich gestellter tapferer Held ist. Demgegenüber diskutiert Geschichtswissenschaft „das Rittertum im Mittelalter" als gesellschaftliches Phänomen, das erstens der Untersuchung seiner Entwicklung zeitlicher Art und zweitens einer differenzierten Bewertung je nach dem Raum seines Auftretens bedarf. Die Untersuchung im Fach Geschichte basiert auf der empirischen Analyse des Einzelfalles, generalisierende Aussagen über einen historischen Prozess argumentierten mit Quellen-Interpretationen. Wenn sich der „Ritter" in der Erzählweise der Wissenschaft als ein ganz anderer entpuppt als diejenige Vorstellung, die der Schüler zunächst in seinem Geschichtsbewusstsein vorfand, so kann der Lernende sein Alltagskonzept in der Alltagsprache durch den zielsprachlichen Begriff aufbrechen und eine fachsprachliche Vorstellung ausbilden (Butzkamm 2000). In der Konfrontation mit der Verschiedenheit der kulturellen Konzepte und ihrer Herkünfte in der jeweiligen Zielsprache tritt der Standortbezug historischer Erzählungen im bilingualen Geschichtsunterricht in verstärkter Deutlichkeit hervor. Das stärkt im Idealfall im Alltag die Kompetenz der Kritikfähigkeit angesichts von Werturteilen mit historischer Begründung und ein Bewusstsein darum, dass es stets mehrere Perspektiven gibt, wenn historische Argumente zur Begründung gegenwärtigen Handelns angeführt werden.

Methoden zur Förderung der Kompetenz-Dimensionen im CLIL-Unterricht Geschichte

In unserem Praxisbeispiel verdeutlichen wir vor allem die für historisches Lernen im CLIL-Unterricht zentralen konzeptualen und reflexiven Kompetenzen. Integriert in sprachliches Handeln können sich die Lernenden in den Diskursraum historischer Problemstellungen und Sinnbildungsprozesse begeben.

Reflektieren auf der Basis von Konzepten: Der *Concept Star*

Die Methode des *Concept Stars* (Esolonline) ermöglicht den Schülerinnen und Schülern das Erschließen der konzeptualen und reflexiven Dimension. Die Lernenden tragen in der Einstiegs- und Erarbeitungsphase ihr Alltags-Konzept, das sich im Laufe des Unterrichts verändern kann, in einen Zacken des Sterns ein. Für die sprachliche Dimension eignet sich der *writing und speaking frame* (Ministry of Education New Zealand 2007). Bei diesem werden diskursive Muster, also sachfachliche Sprachbausteine (historische Sachkompetenz), als *Scaffolds* den Lernenden als Unterstützung für die Bedeutungsaushandlung im sprachlichen Diskursraum zur Verfügung gestellt. Beispiele hierfür wären: *The source about Robin Hood was written by …, The author of the text writes about …*

Alterität der Fachkonzepte eröffnet den Diskursraum

Durch den *Concept Star* und das damit verbundene Hinterfragen von bereits bestehenden Vorstellungen können Vorsemantisierungen durchbrochen werden (Orientierungskompetenz). Das Eintragen der unterschiedlichen Konzepte in die Zacken des Sterns eröffnet das sprachliche Aushandeln von Bedeutungen (Diskursraum). Die Lernergruppe tauscht sich über die unterschiedlichen Konzepte aus, auf die sich die fachlichen Begrifflichkeiten beziehen. Das unter *first thoughts* festgehaltene Alltagswissen bzw. -konzept wird auf der Basis von Text-Lektüre (*Scaffolding*) zu einem wissenschaftlichen, der Fachdisziplin entsprechenden Konzept hin erweitert. Die Konfrontation mit Fachtexten und historischen Quellen führt zu Alteritätserfahrung und zum Erkennen der Logiken unterschiedlicher Konzepte in Alltag, Wissenschaft, Sprachgemeinschaft und Geschichte.

Nach dem Aushandeln dieser Differenzen wird in dem letzten Zacken des *Concept Stars* die reflexive Dimension aufgenommen, bei welcher der Prozess, der durch die Alteritätserfahrungen angeleitet war, nochmals bewusst gemacht werden soll, indem die Schülerinnen und Schüler das eigene Aus-

Alteritätserfahrung eröffnet die reflexive Dimension

gangskonzept überdenken. Dies geschieht durch das Aufgreifen des gewonnenen faktualen Wissens im Aushandlungsprozess, wodurch prozedurales fachliches Wissen (Narrativität) gefördert wird.

Vorgehensweise

Initiation des Lernprozesses: Fragen

Alle Lernenden erhalten einen *Concept Star*, der nach Bedarf vergrößert werden kann. Die erste Frage nach dem eigenen Konzept soll in Einzelarbeit beantwortet werden. Der weitere Verlauf entspricht Formen des kooperativen Lernens. Die weiteren Aufgaben werden in der Gruppe bearbeitet. Die Quellen werden entsprechend der Aufgabenstellung auf die Konzepte hin überprüft.

Unterrichtspraktische Dimension

Einordnung in den theoretisch-didaktischen Kontext und Zielsetzung der Unterrichtsstunde

Die im Folgenden vorgestellte kleinere Unterrichtseinheit zeigt exemplarisch, wie die Entwicklung eines reflektierten und (selbst-)reflexiven Geschichtsbewusstseins im bilingualen Geschichtsunterricht gefördert werden kann. Die praktische Umsetzung erfolgt an einem Unterrichtsbeispiel zum Thema „How did knighthood develop?“, das für eine 7. Klasse konzipiert wurde. Der Schwerpunkt im Unterrichtsbeispiel liegt auf der historischen Sachkompetenz (konzeptuale Dimension) in seiner Überlappung zur Orientierungskompetenz, wobei aber auch die Methoden- und Fragekompetenz ihre Berücksichtigung im Unterrichtsbeispiel finden (reflexive Dimension). Es geht darum, zur Reflexion der historischen Frage Fachwissen aufzubauen und dabei den Schülerinnen und Schülern die Möglichkeit zu geben, historische Begriffe mit ihren jeweiligen Konzepten verstehen und strukturieren zu können. Dies ähnelt einer Vokabelarbeit, die allerdings nicht eine Vokabelgleichung aus einem Begriff in der einen und in der anderen Sprache darstellt, wie man dies aus dem Fremdsprachenunterricht kennt. Im historischen CLIL-Unterricht werden vielmehr der historische Begriff und sein historischer Kontext gemeinsam thematisiert. Vergleicht man dann die Begriffe und deren Konzepte in den jeweiligen Sprachen miteinander, so bietet sich die Möglichkeit für spezifisch bilinguales historisches Lernen unter Einbezug des epistemologischen Prinzips der (Multi-) Perspektivität.

Konfrontation: Knighthood trifft auf Rittertum

Im hier vorgestellten Unterrichtsbeispiel wird innerhalb der ausgewählten Thematik der Begriff „knight“ bzw. „Ritter“ näher betrachtet und in den historischen Kontext gestellt. Dabei bietet sich die Methode des *Concept*

Stars zur kritischen Hinterfragung des Begriffs und dessen unterschiedlicher Konzeptionen an. Die Methode befähigt dazu, den Begriff mit dem jeweiligen Konzept in einzelnen Schritten immer wieder neu zu überdenken. Durch weiterführende, neue Fragestellungen, entsprechende Arbeitsaufträge und passende Materialien werden die Schülerinnen und Schüler angeregt, ihr individuelles Konzept zum Begriff „knight" innerhalb der Unterrichtseinheit stets aufs Neue gemeinsam zu reflektieren und je für sich gegebenenfalls zu verändern.

Konzepte vergleichen im Concept Star

Es bietet sich an, auf die sprachwissenschaftlichen Wurzeln des Wortes „knight" sowie die Entwicklung der Bedeutung (= Konzept) des „Ritters": altengl. _cniht_, mittelengl. _knight_ einzugehen. Ursprünglich bedeuteten beide „Diener". Im Englischen gab es dann eine Bedeutungsverengung zu „berittener Diener des Königs", im Deutschen zu „Diener des Bauern" (OED 1970, 732–733). Die Schülerinnen und Schüler werden sachkompetent, indem sie darüber diskutieren und Erkenntnisse zum Begriff „knight" entwickeln, die sie nach jeder einzelnen Arbeitsphase schriftlich in einem der Zacken des *Concept Stars* fixieren. Damit wird auf anschauliche Weise deutlich, dass historische Begriffe einem Wandel unterworfen sind. Weil Kontinuität und Wandel das für das Fach Geschichte spezifische Erkenntnisinteresse sind, besteht hierin die fruchtbare Synthese von historischem und bilingualem Lernen.

Progression dokumentieren im Concept Star

Das Unterrichtsarrangement sollte so angelegt sein, dass eine Progression im Lern- und Denkprozess der Lernenden in der Auseinandersetzung mit dem Begriff und Konzept ermöglicht wird. Diese Progression sollte sich auch im *Concept Star* der Schülerinnen und Schüler widerspiegeln. Am Ende der Einheit haben sie schließlich die Gelegenheit, rückblickend und in vergleichender Betrachtung der im *Concept Star* festgehaltenen Ergebnisse, historische Entwicklungen und Veränderungen zu erkennen und zu strukturieren. Sie erhalten so die Gelegenheit zur Selbst-Reflexion; sie stellen fest, dass sich ihr individuelles Geschichtsbewusstsein im Laufe der Unterrichtseinheit verändert hat. Es bietet sich damit die Möglichkeit, gemeinsam mit den Schülerinnen und Schülern darüber zu reflektieren, dass kulturelle Konzepte prozesshafte und sozial bedingte Konstruktionen sind. Sie erkennen aber auch, dass Begriffe im Prozess der Auseinandersetzung nicht nur erworben, sondern auch modifiziert werden (können). Tabelle 2 (s. folgende Seite) zeigt eine exemplarische Möglichkeit zur Umsetzung im Unterricht.

Tabelle 2: Darstellung der exemplarischen Unterrichtseinheit mit dem Stundenthema „How did knighthood develop?"

Abkürzungen:
L = Lehrkraft · SuS = Schülerinnen und Schüler · AA = Arbeitsauftrag

Phase	Inhalts-/Aktionsebene	Materialien
First Thoughts	AA: What do you know about knights? Write down as many ideas as possible. **SuS tragen Ideen in den ersten Zacken des Concept Stars ein** SuS* erkennen, dass das Themenfeld „knights" behandelt wird	*Concept Star* als Kopiervorlage Wortkarte „knight" in die Mitte der Tafel
Motivation	SuS erhalten Filmplakate zu Ritterfilmen aus verschiedenen Jahrzehnten, die ggf. (wie im Bsp.) in verschiedenen Ländern produziert wurden. Im Idealfall sind die Filmplakate bekannt SuS beschreiben die Plakate spontan und sollen dabei auch auf Erscheinungsjahr und Produktionsland eingehen	Filmplakate: „Ivanhoe" (1954), „First Knight" (1975), „Hector – Ritter ohne Furcht und Tadel" (1995)
Erarbeitung/ Überleitung/ Reflexion	**Step 1:** L: Why do you think that in the 20th and 21st centuries there are so many films (in different countries) about knights? SuS äußern sich spontan **Step 2:** L: Have a look at the posters again. AA: Is this how you imagine a knight? Explain why/why not and write down your ideas. **SuS tragen Ideen in den zweiten Zacken des *Concept Stars* ein** **Step 3:** L: What do you want to know about knights? What is interesting for you, personally? SuS stellen eigenständig Fragen zum Thema „Knights" (ausgewählte) Fragen werden präsentiert	*Concept Star*

Phase	Inhalts-/Aktionsebene	Materialien
Stunden-thematik	How did knighthood develop?	
Erarbeitung	L: What was the task of a knight? L präsentiert nochmals Darstellungen von einem Ritter, wie man sich ihn idealtypisch vorstellt SuS äußern sich spontan und sollen v. a. Erscheinungsjahr berücksichtigen Ideen werden in Form einer Mindmap zusammengetragen	Poster „knight“ oder andere Darstellung Tafel und/oder Hefteintrag
	L präsentiert Darstellung vom „Ritter“ (hier noch: „Reiterkrieger“) aus dem frühen Mittelalter, das sich von vorheriger Darstellung eines gut ausgerüsteten Ritters unterscheidet L: Is this how you imagine a knight? Give reasons for your answer. SuS vergleichen nun mit ihrem vorherigen Konzept von „knight“ **SuS tragen Ideen in den dritten Zacken des Concept Stars ein**	Bildquelle „knight“ *Concept Star*
	L: What German word does this word remind you of? L verweist auf Wortkarte und gibt ggf. den Hinweis, das Wort in seiner Schreibweise zu lesen SuS: „Knecht“ L: What comes to your mind now? Verweis auf Bildquelle und dabei v. a. auf Quellenangabe, um herauszufinden, aus welcher Zeit es stammt (um 1000) L: What does it tell you about the power/position of a knight before the 11th century? **SuS tragen Ideen in den vierten Zacken des Concept Stars ein**	Wortkarte „knight“ Wortkarte „Knecht“ *Concept Star*

Phase	Inhalts-/Aktionsebene	Materialien
	L erarbeitet die Entwicklung hin zum Ritterstand ausgehend vom „Reiter“ = „cavalier“ über die „noblemen“ und „burgesses“ unter Bezugnahme auf die sprachwissenschaftlichen Wurzeln des Wortes „knight“ sowie die Entwicklung der Bedeutung (= Konzept) des „Ritters“ SuS: Diskussion L: What do you think: Who fought for the king before there were knights?“ SuS: farmers/peasants L: Were there possibly any problems because of the fact that farmers were working for the king? **SuS tragen Ideen in den fünften Zacken des Concept Stars ein**	*Concept Star*
Reflexion	L: Do you think about knights in a different way now? If so, explain how your opinion has changed. **SuS tragen Ideen in den letzten Zacken des *Concept Stars* ein** AA: Compare what you wrote about knights in your *Concept Star* and discuss (with a partner or in a group).	*Concept Star*

Fazit: Welche Themen eignen sich besonders gut?

Globalhistorische und komparatistische Ansätze

Für die Förderung und Entwicklung historischen Denkens im CLIL-Geschichtsunterricht sind globalgeschichtliche (Osterhammel 2009) und transnationale Konzepte besonders geeignet. Sie ermöglichen der Lehrperson auf der Höhe der geschichtswissenschaftlichen Forschung und deren Ansätzen zur Durchbrechung eurozentristischer Geschichtserzählungen die Konzeption von Leitfragen, die über konventionelle Schulbuch-Narrative hinausführen. Curricular bieten sich alle Inhaltsfelder an, die über die deutsche Geschichte hinausgehen oder diese in den Konzepten der Geschichtsschreibung der Zielsprache neu perspektivieren. Geeignet sind dafür beispielsweise das mittelalterliche Europa, frühneuzeitliche Kolonialgeschichte genauso wie die Weltkriege im 20. Jahrhundert. Archäologische und antike Themen lassen sich über die Differenzen in den nationalen Erinnerungskulturen und die Rückbindung an die Rekonstruktion der antiken Geschichte durch fachwissenschaftliche Forschung im CLIL-Unterricht ebenfalls gut reflektieren.

Bilingualer Sachfachunterricht im Fach Politik und Wirtschaft

5

Jaqueline Gorman

Bevor ich mit Praxisbeispielen im Fach Politik und Wirtschaft beginne, möchte ich zunächst eine kurze Begriffsbestimmung vornehmen und dann auf grundlegende Besonderheiten des bilingualen Unterrichtens in diesem Fach eingehen. Dabei geht es nicht um eine umfassende wissenschaftliche Darlegung, sondern darum, eine Orientierung in diesem Fach als bilinguales Sachfach zu bieten.

Bilingualer Sachfachunterricht an Schulen und Hochschulen

Viele der in Deutschland bilingual unterrichteten Fächer finden in Großbritannien, Irland und den USA ihre Entsprechungen. Dies gilt vor allem für die Fächer *Geography*, *History* und *Biology*. Anders verhält es sich mit dem Fach Politik und Wirtschaft, das selbst in Deutschland in den unterschiedlichen Bundesländern, Schulformen und Unterrichtsstufen mit diversen Namen und Schwerpunkten unterrichtet und studiert wird. Analog findet man im anglophonen Bereich die Fächer *Civics*, *Social Studies*, *Citizenship Studies*, *Politics*, *Economics*, um nur einige Beispiele zu nennen, die inhaltlich im weitesten Sinne in den Bereich Politik und Wirtschaft fallen.

Hinzu kommt, dass nicht nur verschiedene Namen für das Fach existieren (u.a. Sozialkunde, Gesellschafts- oder Gemeinschaftskunde oder -lehre), sondern überdies eine Vielzahl inhaltlicher Schwerpunkte und didaktisch-methodischer Ansprüche an den Unterricht gestellt werden. Die Kultusministerien betonen unisono das Ziel des sozial kompetenten, politisch mündigen und aktiven Bürgers. Entsprechend umfangreich sind die Themen, die Teil des Lehrplans bzw. der neuen Kerncurricula sind. So finden sich neben der Institutionenkunde und politischer Theorie zahlreiche Aspekte aus den Bereichen Recht, Soziologie und Wirtschaft. Diese Themenvielfalt stellt hohe Ansprüche an Lehrende wie Lernende.

Bedenkt man aber, dass es im Bilingualen Sachfachunterricht um weitaus mehr geht als darum, den Fachunterricht weitgehend in englischer Sprache zu unterrichten, stehen Lehrer, die dieses Fach zum Teil sogar fachfremd im Unter- und Mittelstufenbereich unterrichten, vor einer großen Herausforderung. Da es für den Bilingualen Sachfachunterricht bislang noch keine eigenständige Didaktik gibt, wird hier mitunter von Kritikern eine fachliche Reduktion befürchtet, der jedoch durch einen erweiterten Stundenumfang entgegengewirkt werden kann.

Ich möchte an dieser Stelle ausdrücklich betonen, dass der Bilinguale Sachfachunterricht für das Fach Politik und Wirtschaft, von dem hier stellvertretend für die oben angeführten Fächer die Rede sein soll, einen erheblichen, bilingualen Mehrwert bietet. Im Folgenden soll zunächst anhand theoretischer Überlegungen auf Besonderheiten des bilingualen Unterrichts eingegangen werden, die im zweiten Teil an Beispielen aus der Praxis erläutert werden sollen.

Grundlegende Überlegungen bei der Planung

1. Grundsätzliches

Vorüberlegungen zur Planung und zum Umgang mit dem Lehrplan

Gleich vorweg: *Den* bilingualen Unterricht gibt es ebenso wenig wie *den* bilingualen Schüler oder *die* bilinguale Lerngruppe. Es sollte auf der Hand liegen, dass an den Bilingualen Sachfachunterricht in einer 7. Klasse einer Realschule im Fach Gesellschaftslehre hinsichtlich der Planung andere Maßstäbe angelegt werden müssen als an einen Kurs der Oberstufe eines Gymnasiums im Fach Politik und Wirtschaft, dessen Schülerinnen und Schüler über mehrere Jahre Vorerfahrung in mindestens einem Sachfach verfügen.

▶ ▶ ▶ Folgende Fragestellungen können bei der Unterrichtsplanung helfen:

- Haben die Schülerinnen und Schüler Vorerfahrungen mit bilingualen Angeboten bzw. Fächern?
- Haben die Schülerinnen und Schüler sich freiwillig für den Bilingualen Sachfachunterricht entschieden?
- Handelt es sich um leistungsheterogene oder tendenziell homogene Gruppen?
- Über welche Kompetenzen verfügen die Schülerinnen und Schüler in der Fremdsprache?
- Stehen zusätzliche Stunden zur Verfügung?

2. Umgang mit dem Lehrplan

Als Nächstes stellt sich die Frage, welche Inhalte zu behandeln sind. Hier gilt, unabhängig von der Schulform und Unterrichtsstufe: Die in den Rahmenplänen bzw. Kerncurricula formulierten Inhalte bzw. Standards des Sachfachs sind verbindlich. Sofern keine Ergänzungen oder gar Pläne für den Bilingualen Sachfachunterricht vorliegen, gelten die Vorgaben für den regulären Unterricht.

Bilinguales Lernen bedeutet auch interkulturelles Lernen und dass nicht nur genuin deutsche Inhalte in der Arbeitssprache Englisch vermittelt werden, sondern durch den Vergleich mit Aspekten und Phänomenen in den Ländern der Zielsprache (in der Regel Großbritannien und die USA) ein komparatistischer Ansatz verfolgt wird. Das daraus resultierende „Mehr" schreckt daher zunächst ab. Aber: Nicht in jeder Stunde und für jedes Thema muss man einen interkulturellen Schwerpunkt setzen.

> Die Planung sollte funktional, pragmatisch und aktuell sein. Hilfreich sind Beispiele aus anderen Ländern, die den Schülerinnen und Schülern dabei helfen, einerseits Unterschiede zum eigenen Land deutlich zu machen, und ihnen andererseits durch die Andersartigkeit die Besonderheiten des eigenen Landes vor Augen führen.

Einbeziehung der Referenzländer und interkulturelles Lernen

Zum Beispiel bietet sich im Rahmen der Thematik „Young people and the Law" ein Vergleich des Umgangs mit jugendlichen Straftätern in Großbritannien oder den USA und Deutschland an, um grundlegende Besonderheiten des deutschen Rechtssystems aufzuzeigen, das vom Gedanken der Resozialisierung geprägt ist. In den Bereichen *Political Participation*, *Democracy*, *Political Systems* bietet sich der Blick auf die amerikanischen Präsidentschaftswahlen vor allem für Lerngruppen der Stufen 9 und höher an, da diese häufig USA-affin sind. Für jüngere Schüler wiederum kann ein virtueller Gang durch die britischen *Houses of Parliament* hilfreich sein, um das eigene System nicht nur besser zu verstehen, sondern einen Zugang zur oftmals als „trocken" empfundenen Institutionenkunde zu finden.

3. Unterrichtsmaterial

Das Problem ist weniger das Nichtvorhandensein von geeignetem Material als die Tatsache, dass man in der vorhandenen Materialfülle den sprichwörtlichen Wald vor Bäumen nicht sieht. Anders als in den Fächern *Geography*, *History* oder *Biology*, für die es bereits didaktisiertes Unterrichtsmaterial gibt, ist das Angebot für den Bereich Politik und Wirtschaft bzw. *Social Studies* derzeit noch im Aufbau. Die Herausforderung besteht darin, geeignetes Material aus englischsprachigen Schulbüchern, anderen Printmedien, aber vor allem dem Internet zu verwenden und dies autodidaktisch für den Unterricht aufzubereiten.

Der Großteil des im Bilingualen Sachfachunterricht eingesetzten Materials ist entweder nicht oder kaum didaktisiert bzw. für Muttersprachler geschrieben. Um Frustration bei den Schülerinnen und Schülern (vor allem im Anfangsunterricht) vorzubeugen, sollte dies bei ihnen im Sinne des Lernens auf der Metaebene thematisiert werden und die Lerngruppe aktiv in den Lernprozess eingebunden sein, z. B. durch Internetrecherchen.

Code switching und der Einsatz von deutschem Material: Obwohl es für die meisten Themen englischsprachiges Material in Hülle und Fülle gibt, kann es durchaus sinnvoll sein, in bestimmten Phasen des Unterrichts auf die Muttersprache zurückzugreifen oder deutsches Material einzusetzen.

Fremd- und Muttersprache im Material und im Unterrichtsalltag

Geeignet sind z. B.
- deutsche Texte, sofern es von ihnen keine englische Fassung gibt, wenn diese besonders gut eine genuin deutsche Position verdeutlichen,
- deutsche Lehrbuchmaterialien, wenn komplexere Sachverhalte den Schülerinnen und Schülern (vor allem in schwächeren oder Lerngruppen der Mittelstufe) in relativ kurzer Zeit ohne Verlust der verbindlichen Inhalte des Lehrplans zugänglich gemacht werden sollen,
- inhaltlich komplexe Diskussionen in der Muttersprache über zuvor in der Fremdsprache erarbeitete Sachverhalte, wenn aufgrund des Lernstandes eine Diskussion in der Fremdsprache (noch) nicht möglich ist.

Authentische Schulbücher z. B. aus Großbritannien und den USA: Manche Themen des deutschen Lehrplans finden sich scheinbar 1:1 in britischen oder amerikanischen Schulbüchern wieder (vgl. Terry Fiehn „This is Citizenship 2"). Bei genauerem Hinsehen stellt man jedoch fest, dass erstens die didaktischen Schwerpunkte andere sind und sich zweitens Inhalte (z. B. *political or legal systems*) zum Teil wesentlich unterscheiden.

Kulturelle Besonderheiten und landestypische Unterschiede bieten eine enorme Chance für Systemvergleiche, da das Fremdverstehen im Sinne interkulturellen Lernens wesentlich das Verständnis der eigenen Situation fördert.

Im Wesentlichen muss man daher passende Texte und anschauliches Material auswählen, in denen die Schülerinnen und Schüler entweder aufgrund der inhaltlichen Parallelen Phänomene des eigenen Landes wiedererkennen oder besonders deutliche Unterschiede herausarbeiten können. Positiv anzumerken ist, dass sich in englischsprachigen Schulbüchern häufig sehr ansprechendes Bildmaterial findet, das den Schülerinnen und Schülern hilft, Verständnisschwierigkeiten in der Fremdsprache zu überwinden. Bei sprachlich anspruchsvollen Texten ist es zusätzlich sinnvoll, im Sinne eines *Scaffoldings* durch den Einsatz von unterstützenden Redemitteln und entsprechend formulierten Arbeitsaufträgen den Schülerinnen und Schülern das Verständnis zu erleichtern. Sind die Texte wiederum sprachlich und inhaltlich nicht altersgemäß, sollten Sie sich darauf beschränken, einzelne Passagen, Arbeitsaufträge oder Schaubilder auszuwählen.

Material aus dem Internet: Mit Fug und Recht kann man sagen, dass das Internet *der* Freund der bilingualen Sachfachlehrer geworden ist. Dass man als Unterrichtender auf die Seriosität der Quellen achten muss, versteht sich von selbst. Es finden sich aber zahlreiche brauchbare Websites, mit deren Hilfe man selbst Arbeitsblätter erstellen, anschauliches Bild- und Videomaterial herunterladen bzw. zeigen oder aber den Lerngruppen selbst an Rechnern zur Verfügung stellen kann. Besonders hervorzuheben sind hier englischsprachige Seiten von Parteien, beinahe allen Regierungen der Welt sowie internationalen Organisationen (z. B. EU, UN) und Nichtregierungsorganisationen, wobei vor allem Letztere oftmals auf Schüler ausgerichtete Seiten und Material zum Herunterladen anbieten. Nicht selten gibt es auch englischsprachiges didaktisches Material (z. B. Online-Quiz), kurze und leicht verständliche Videosequenzen und interaktive Seiten, mit deren Hilfe die Schülerinnen und Schüler auch sprachlich und inhaltlich komplexere Themen gern bearbeiten.

Arbeit mit dem Internet

Online-Wörterbücher und Übersetzungsprogramme können im Hintergrund geöffnet eine Hilfe sein, um Ängste vor Sprachbarrieren abzubauen, jedoch sollten die Schülerinnen und Schüler durch klare Aufgaben und Arbeitsaufträge dazu angehalten werden, sich auf Wesentliches zu konzentrieren und sich nicht im Universum des Internets zu verlieren oder sich bei Arbeitsaufträgen (z. B. bei Recherchen) auf Wikipedia zu beschränken.

Bei der Arbeit mit Quellen aus dem Internet sowie der gemeinsamen Recherche im Internet gilt es unbedingt auf zwei Aspekte zu achten: Um was für eine Quelle handelt es sich bzw. wer ist für die Website verantwortlich? Gerade bei kontroversen Themen kann es Schülerinnen und Schülern leicht passieren, dass sie durch Suchmaschinen auf Seiten gelangen, auf denen einseitige Meinungen vertreten werden.

Printmedien und deren Onlinefassungen: Das Internet bietet die Möglichkeit, durch die entsprechenden Onlinefassungen auf beinahe alle Printmedien zuzugreifen und diese durch Textverarbeitungsprogramme entsprechend sprachlich und didaktisch aufzubereiten. Denn grundsätzlich gilt hier wie für alle authentischen, nicht-didaktisierten Texte:

> Authentische Texte sind für den Einsatz im Bilingualen Sachfachunterricht unverzichtbar und schaffen einen erhöhten Grad an Motivation, weil sie „real" und somit interessanter sind. Gleichwohl stellen sie an die Schülerinnen und Schüler aufgrund ihrer sprachlichen und inhaltlichen Komplexität besondere Anforderungen.

Auch hier gilt, dass durch entsprechende Aufbereitung der Texte, aber vor allem mithilfe der Methoden und Fragestellungen eine Vorentlastung erreicht werden muss, damit die Schülerinnen und Schüler mit Freude und ohne Frustration arbeiten können und Sprachbarrieren nicht zum Nachteil des Sachfaches werden.

Fazit

- Die Schülerinnen und Schüler sollten im Sinne eines Lernens auf der Metaebene aktiv von Anfang an in das Unterrichtsgeschehen eingebunden sein.
- Explizit sollten Probleme im Umgang mit authentischen und/oder nicht-didaktisierten Texten thematisiert werden.
- Der Einsatz der Muttersprache sollte funktional sein. Arbeitssprache sollte zunehmend die Fremdsprache sein.
- Gezielte Arbeitsaufträge helfen den Schülerinnen und Schülern, sowohl bei anspruchsvollen Texten als auch bei Rechercheaufträgen mit sprachlichen und inhaltlichen Barrieren umzugehen.
- Kooperative Arbeitsformen helfen den Schülerinnen und Schülern, ihre Stärken zu bündeln und gemeinsam auch anspruchsvolle Aufgaben zu meistern.
- Das beispielhafte Erarbeiten von Gemeinsamkeiten und Besonderheiten des Eigenen und Fremden leistet einen Beitrag zum interkulturellen Lernen.

Praxisbeispiel: International Conflicts

Zur Themenauswahl

„International Conflicts" als Thema in Sekundarstufe I und II

Das Thema „International Conflicts" findet sich in fast allen deutschen Lehrplänen, unabhängig davon, ob es sich noch um klassische Lehrpläne handelt oder bereits um solche mit Bildungsstandards, in denen Inhalte als „Sachkompetenz" für die Mittelstufe oder „Inhaltsfelder" aufgeführt sind. Das Beispiel eignet sich für den Bilingualen Sachfachunterricht insofern besonders, als es im Sinne eines Spiralcurriculums sowohl in der Mittel- als auch der Oberstufe unterrichtet wird und Möglichkeiten für einen Perspektivenwechsel und interkulturelles Lernen bietet. Die Reihe soll zunächst grundsätzlich vorgestellt werden. Die Besonderheiten für den Unterricht in der Mittel- und Oberstufe können zum Teil analog auf Anfangs- und Fortgeschrittenenunterricht angewendet werden.

Reihenplanung allgemein

Das Thema „International Conflicts" eignet sich aufgrund der Multiperspektivität der unterschiedlichen Akteure gut für eine Kombination aus Arbeit mit Material aus englischsprachigen Schulbüchern und Zeitungsartikeln auf der einen Seite und einer arbeitsteiligen Internetrecherche und anschließenden Präsentation in Gruppen auf der anderen Seite. Im Fokus stehen hier zum einen die unmittelbaren Konfliktpartner, zum anderen mittelbar Betroffene, wie z.B. durch Zugehörigkeit zu internationalen Bündnissen (z.B. NATO, UN, EU). Im Vorfeld sollte das Thema natürlich durch grundlegende Aspekte der Friedens- und Konflikttheorie bzw. Thematik entsprechend hergeleitet sein.

Es ist sinnvoll, an den Anfang der Reihe einen aussagefähigen Konflikt exemplarisch in den Mittelpunkt zu stellen, um grundlegende Kriterien für die weitere Bearbeitung ausgewählter Beispiele zu erarbeiten.

> Es gilt das Prinzip: Je fortgeschrittener bzw. erfahrener die Lerngruppe mit der Thematik und/oder bilingualem Unterricht ist, desto selbstständiger können die Schülerinnen und Schüler arbeiten. Bei Gruppen der Mittelstufe bzw. Schülerinnen und Schülern, die mit bilingualem Unterricht in der Oberstufe erst begonnen haben, gilt es, vorab entsprechend stärker zu strukturieren und Hilfestellung zu geben. Das gilt sowohl für die Sprache als auch den Inhalt.

Am Anfang einer Reihe zum Thema International Conflicts ist es daher zunächst sinnvoll, einen Konfikt gemeinsam zu erarbeiten und die Vereinigten Nationen als wichtigste Organisation zu thematisieren.
Für die UN könnte dies z.B. so aussehen:

The United Nations: History, Aims and Principles

The United Nations is an international organization that was founded after the Second World War by 51 member states to succeed the so-called League of Nations. The League of Nations was founded after the First World War by 42 countries of which 26 were non-European. Its aim was to achieve and maintain peace. However, it had no military power of its own and was dependent on the contributions of its members. So soon after the beginning of the Second World War it became obvious that it was ineffective. The United Nations was founded and became effective when the UN Charta was ratified on the 24 October 1945, which is why this date is celebrated all over the world as United Nations Day.

Bearing the traumatic events and consequences of two World Wars in mind the purpose of the United Nations was and still is to bring all nations of the world together to work for international peace and security, develop friendly relations among nations, achieve and promote social progress, better living standards and human rights. All this is based on the principles of justice, human dignity and the well-being of all people. The aim is to offer countries the opportunity to balance national interests with global interdependence, especially when international problems are concerned.

Currently the United Nations has 192 Members and nowadays is structured in five main bodies. However, until 1994 there were six:

1. The General Assembly. This is the main deliberative organ of the UN and is composed of representatives of all Member States. The General Assembly is possibly the closest thing to a world parliament. It is important to note that no matter if it is large or small, rich or poor – every country has one vote. However, although the Assembly's decisions can become resolutions that are considered the opinion of a world government, none of them are binding.

2. The Security Council. This is the most powerful of the organisation's principal organs. According to the UN Charter (Article 24), it is responsible for securing world peace and international security, i.e. the central task of the organisation. The Security Council is a unique committee in international politics.

3. The Secretariat. It is the central administrative organ of the world organisation, consisting of the Secretary-General, who is elected on the recommendation of the Security Council by the General Assembly for a five-year renewable period, and an administrative part with hierarchical structures consisting of branches or divisions (offices) and departments (main sections). The office of Deputy Secretary-General was introduced in 1998.

▶

4. Economic and Social Council (ECOSOC). Together with the General Assembly it is responsible for the coordination of economic and social issues according to Article 62 (UN Charta Chapter IX). It can become active in the following areas: international economic, social, cultural, educational, health, and related matters.
5. The International Court of Justice (ICJ) in The Hague. The ICJ is the only organ with its headquarters not in New York but in The Haag (Netherlands). It is the jurisdictional organ of the United Nations and is presided over by 15 independent judges.
6. The United Nations Trusteeship Council: It was established in 1945 by the UN Charter to provide international supervision for eleven Trust Territories placed under the administration of seven Member States, and to ensure that the Territories were adequately prepared for self-government and independence. The Trusteeship Council suspended its work when the last of eleven Trust territories (Palau) became independent on 1st October 1994. Attempts have been made to entrust the organ with a new set of functions, such as the administration of failed states, but this has not yet taken place.

The United Nations Headquarters is in New York City although the territory and buildings are international territory. It has its own flag and its own postage stamps. Six official languages are used at the United Nations – Arabic, Chinese, English, French, Russian and Spanish. The senior officer of the United Nations Secretariat is the Secretary-General.

to achieve	– erreichen
to maintain	– beibehalten, bewahren
contributions	– Beiträge/Zahlungen
events	– Geschehen/Ereignisse
to be composed	– zusammengesetzt sein
unique	– einzigartig
to suspend	– aussetzen
to entrust	– beauftragen

▶

Assignments:
Read the following text and complete the following statements about the UN (gaps 1–12) by using the text fragments in the boxes below (A–M).

1. The UN was founded after The Second World War … (1).
2. While its … (2).
3. The best known aims of the UN are … (3) and (4).
4. However, other – no less important – aims are to … (5) and … (6).
5. Nowadays, with a clear focus on environmental issues, the UN also wants to stop … (7), and there can be no doubt that the UN encourages its members to … (8).
6. An essential principle is that … (9) and must … (10).
7. Finally, while … (11) it is also a principle of the UN that it … (12).

A. countries must try to settle their differences by peaceful means and must avoid using force or threatening to use force

B. to develop friendly relations between nations.

C. obey the Charter.

D. when the UN Charter had been ratified by a majority of the original 51 Member States.

E. may not interfere in the domestic affairs of any country.

F. work together to help people live better lives

G. predecessor, the League of Nations, was founded by only 42 members,

H. environmental destruction

I. all Member States have sovereign equality

J. to keep peace throughout the world

K. encourage respect for each other's rights and freedoms.

L. 52 states founded the UN.

M. to eliminate poverty, disease and illiteracy in the world.

Je nachdem, welche Aspekte im Mittelpunkt der Reihe stehen sollen, ergibt sich die Feinplanung bzw. müssen Kriterien für die arbeitsteiligen Gruppenaufträge und Präsentationen erarbeitet werden. Prinzipiell gilt es abzuwägen, ob Konflikte eher grundsätzlich betrachtet werden sollen und dementsprechend allgemein auf konkrete Beispiele eingegangen wird, um daraus Gemeinsamkeiten und Unterschiede im Sinne eines Vergleichs abzuleiten, oder ob die Schülerinnen und Schüler selbstständig ausführlicher auf einen konkreten Konflikt mit seinen Besonderheiten eingehen sollen. Die erste Vorgehensweise eignet sich besonders für die Mittelstufe, während die zweite in der Oberstufe sinnvoll sein kann, um die Schülerinnen und Schüler auf spätere Abiturprüfungen vorzubereiten.

Im bilingualen Anfangsunterricht in der Oberstufe bzw. in der Mittelstufe sollten die Schülerinnen und Schüler Redemittel und vorstrukturierte Aufgaben bzw. Fragestellungen erhalten.

Redemittel und vorstrukturierte Aufgaben bzw. Fragen zur Unterstützung

Diese könnten z. B. sein:

- Who are the conflicting parties?
- What is the conflict about? (food shortage, religion, ethnicity, access to water, etc.)
- Which other parties and/or organisations are involved? (other countries, UN, EU, NATO, NGOs, etc.)

Um sicherzugehen, dass die Schülerinnen und Schüler die Inhalte nicht nur global verstanden haben, sondern sowohl in der Mutter- als auch der Fremdsprache wiedergeben können, bietet sich eine Sprachmittlungsaufgabe an. Diese könnte z. B. so aussehen:

Kopiervorlage

Sprachmittlungsaufgabe

Deine Aufgabe ist es, anhand der bisher gelesenen und besprochenen englischen Texte einen kurzen Lexikonartikel über die UNO zu verfassen. In deinem Artikel soll es nicht um Detailwissen gehen, sondern darum, einen Überblick über die UNO zu geben. Folgende Leitfragen können dir dabei helfen:

- Was ist die UNO und warum wurde sie von wem gegründet?
- Welches sind ihre zentralen Aufgaben?
- Welches sind ihre zentralen Organe?

Wichtig: Konzentriere dich auf die wesentlichen Aspekte und verwende deine eigenen Worte.

Zur Entlastung der Schülerinnen und Schüler können Visualisierungen beitragen und es sollte entsprechend aufbereitetes Vokabular zur Verfügung stehen. Wenn man z. B. mit einer Lerngruppe in der Oberstufe in arbeitsteiligen Gruppen Präsentationen erarbeitet hat, ist ein Beobachtungsbogen sinnvoll, der nach und nach gemeinsam ergänzt wird. Die Tabelle wurde exemplarisch und nur z. T. ausgefüllt, um eine Vorstellung zu ermöglichen, wie die Ergebnisse aussehen könnten. Selbstverständlich können die Ergebnisse auch ausführlicher sein bzw. die Beispiele beliebig erweitert oder gekürzt werden.

Ergebnissicherung

Region	Reasons	Conflicting Parties	Bodies involved	Germany's Role	Specifics	Perspectives
Sudan	Ethnical and religious reasons	In The North: Arab (Muslim) people vs. South: black African people	NGOs such as MSF, UNICEF, WFP	Support of NGOs, no military involvement	Fighting poverty and starvation	Referendum in 2011 for an independent South
Afghanistan	Terrorist attacks (9/11) and Taliban supporting Al Qaida	Today: Afghan government (supported by international western forces) vs. terrorists	(OEF + ISAF)	Military involvement + peace building actions to support Afghan government in Kunduz (North)	"Inner" conflict (warlords, resistance) + "outer" conflict (relations with other countries Part of a "global war against terror"	Currently bad prospects for peace in the near future (terrorist attacks) Support from countries such as Pakistan
Somalia			Operation Atlanta		Piracy	
Kosovo			KFOR			
Lebanon			UNIFIL			

Material

Bei dieser Thematik kann man auf originale **Lehrbücher** aus den USA und Großbritannien zurückgreifen. Für den Einsatz in der Mittelstufe bieten sich Bücher an, die zur Vorbereitung auf die britischen *GCSE* Prüfungen oder die amerikanischen *Revision Guides* dienen. Bei sehr leistungsstarken Gruppen kann man hier auch auf einzelne Materialien aus Lehrbüchern für *A-Level* (GB) oder die amerikanischen bzw. internationalen *AP*- und *IB*-Prüfungen zurückgreifen. In der Regel lassen sich diese Bücher zum Teil auch für die umfassende Thematik „Globalisierung" einsetzen.

Perspektive in britischen und amerikanischen Lehrbüchern beachten

Es gilt aber unbedingt zu beachten, dass sich in britischen und amerikanischen Lehrbüchern immer die entsprechende Perspektive wiederfindet. Dies gilt es ausdrücklich im Vorfeld mit den Schülerinnen und Schülern zu thematisieren. Zu beachten ist auch, dass es sich oftmals um Material handelt, das für das Fach *History* gedacht ist, und sich insofern eine andere Schwerpunktsetzung ergibt.

Im **Internet** finden sich zahlreiche Websites, die Sie für ihre Vorbereitung bzw. für die Recherche der Schülerinnen und Schüler heranziehen können. Auch hier gilt wieder das Prinzip „Weniger ist mehr", d. h., durch eine sinnvolle Vorauswahl können Sie sicherstellen, dass sich die Schülerinnen und Schüler nicht in der Recherche verlieren. Besonders hilfreich für die Unterrichtsvorbereitung ist die Website http://www.dadalos.org, eine englischsprachige Website der UNESCO, die sich als Bildungsserver neben der Friedenserziehung auch den internationalen Institutionen widmet und über didaktisiertes Unterrichtsmaterial verfügt. Zu den Seiten, die den Schülerinnen und Schülern bekannt sein sollten, gehören das sogenannte CIA Fact Book, das sich gerade für Länderstudien (besonders im Fach *Geography*) eignet, sowie die BBC World News und CNN World News, aber auch die englischsprachigen Seiten der Deutschen Welle bieten zum Teil geeignete Artikel in den Bereichen Globalisation und International Relations.

Zusätzliches Material

Im Internet finden Sie ergänzendes Material in Hülle und Fülle. Hierzu gehören neben kleineren **Videoclips** auch *Podcasts* oder sogenannte *slideshows*, d. h. kurze, informative Videosequenzen, die man kostenlos auf Youtube aufrufen kann. Wenn Sie bereits mit dem digitalen *Whiteboard* arbeiten, stellen diese zusätzlichen Medien bzw. Materialien eine hervorragende Ergänzung dar.

6 Bilingualer Wirtschaftsunterricht am Beispiel des Themas „Comparing Economic Systems“

Matthias Förtsch

Bilingualer Unterricht – Blick von außen

Beinahe täglich erleben wir Diskussionen über den Reformbedarf der sozialen Sicherungssysteme Deutschlands und hören von der vermeintlichen Notwendigkeit einer stärkeren Eigenverantwortung. Regierung und Opposition ringen um die Art und Weise, wie die Errungenschaften der Sozialen Marktwirtschaft gesichert bzw. zukunftsfähig gemacht werden können. Es lässt sich zweifellos feststellen: Ohne ein Grundverständnis der Wirtschaftsordnung, in der wir leben, und möglicher alternativer Wege kann niemand an der Diskussion konstruktiv teilnehmen. Im öffentlichen Diskurs um die Frage, welche Rolle Markt bzw. Staat spielen sollen, wird oft auf Regelungen in anderen Ländern verwiesen. Zur Schaffung eines Referenzrahmens für das eigene Handeln ist jedoch nicht nur der Blick *nach* außen, sondern vor allem auch *von* außen, hilfreich. Dazu kann eine bilinguale Unterrichtseinheit, z. B. zum Vergleich der Wirtschaftsordnungen Deutschlands und der USA, einen originären Beitrag leisten.

Ökonomische Bildung am allgemeinbildenden Gymnasium

Denken in ökonomischen Kategorien

Wolfgang Klafki versteht Allgemeinbildung als „Aneignung der die Menschen gemeinsam angehenden Frage- und Problemstellungen ihrer geschichtlich gewordenen Gegenwart und der sich abzeichnenden Zukunft und als Auseinandersetzung mit diesen gemeinsamen Aufgaben, Problemen, Gefahren“ (Klafki 1996, 53 f.). Geht man davon aus, dass ökonomische Fragestellungen zentral zu diesen hier angesprochenen Schlüsselproblemen gehören, so ist ökonomische Bildung essentieller Bestandteil von Allgemeinbildung (vgl. Kruber 2006). Klafkis Konzept ist die Basis einer kategorialen (Fach-)Didaktik. Nach Sutor zielt diese „auf die Möglichkeit der geistigen Bewältigung des in Fülle und Unordnung auf uns eindringenden Materials durch begründbare Auswahl beispielhafter Gegenstände, an denen verallgemeinerungsfähige Erkenntnisse und Einsichten gewonnen und auf andere Gegenstände übertragen werden können“ (Sutor 1984, 68).

Kruber sieht die Hinführung zum „Denken in ökonomischen Kategorien als Aufgabe von Wirtschaftsunterricht“ (Kruber 2006, 194). Die folgenden

Bereiche leitet er aus einführender Literatur der Fachwissenschaft ab und sieht sie dabei als grundlegend für das Verständnis wirtschaftlicher Probleme an:

1. Denken in den Kategorien bzw. Strukturen der ökonomischen Verhaltenstheorie
2. Denken in System- bzw. Wirkungszusammenhängen: Ökonomische Strukturen und Kreislaufzusammenhänge analysieren und beurteilen
3. Denken in ordnungspolitischen Zusammenhängen: Wirtschaftspolitik als ordnende Gestaltungsaufgabe verstehen (vgl. Kruber 2006).

Kategorien für die Auswahl der Inhalte

Die daraus abgeleiteten Grundprinzipien und Strukturen wie Knappheit, Bedürfnisse, Arbeitsteilung, Märkte, Wettbewerb, externe Effekte, Eingriffe des Staates, Institutionen, Wirtschaftsordnung usw. verdeutlichen nicht nur, dass politische und ökonomische Bildung einige Kategorien gemein haben, auch wenn die Erklärungsmuster im Einzelfall andere sind, sondern auch, dass diese fachwissenschaftlich erarbeiteten Kategorien um pädagogische und ethische Fragen zu ergänzen sind, „die zu einer reflexiven Auseinandersetzung mit wirtschaftlichen und politischen Problemstellungen führen sollen" (Kruber 2006, 199). Sie können allerdings als Grundlage für die Auswahl von Unterrichtsinhalten dienen. Gerade das exemplarische Lernen steht in der Gefahr, das Kriterium der Aktualität als Maßstab zu nehmen.

Folgende Leitfragen können an die infrage kommenden Lerninhalte gestellt werden und somit zur Selektion dienen:

- Hat der Stoff eine über den Tag hinaus reichende Bedeutsamkeit für die Lernenden? (Hier zeigt sich die unmittelbare Betroffenheit in gegenwärtigen oder zukünftigen Lebenssituationen.)
- Eignet sich der Stoff zur Einführung in ökonomische Denkweisen und Methoden? Beispielhaft: Lassen sich die Verhalten steuernden Wirkungen von Institutionen erarbeiten? (…)
- Eignet sich der Stoff zur Offenlegung von wirtschaftlichen Zusammenhängen? Das heißt u. a.: Werden Funktionsweise und -bedingungen von Marktmechanismus und Wettbewerb erkennbar? (…)
- Eignet sich der Stoff zur Offenlegung von Grundsätzen der Wirtschaftsordnung? (Beispiel: Grenzen des Marktes und Aufgaben des Staates)
- Eignet sich der Stoff, die engen Verbindungen von Wirtschaft und Politik zu erkennen? (…) Werden Interessen, Konflikte, Macht und die Notwendigkeit einer in der Rechtsordnung verankerten Wirtschaftsordnung angesprochen?

- Eignet sich der Stoff, ethische Grundfragen des Wirtschaftens zu bearbeiten? Das heißt: Werden Werte wie Freiheit, soziale Gerechtigkeit, soziale Sicherheit, Erhaltung der Natur angesprochen? (Kruber 2006, 199)

Eigene Standards für den Lernbereich Wirtschaft

Mit der Einführung des baden-württembergischen Bildungsplans 2004 hat die ökonomische Bildung auf Grundlage der Forderungen und Initiativen zu ihrer Stärkung eine deutliche Aufwertung erfahren. Dies äußert sich am auffälligsten in der Implementierung von eigenen Bildungsstandards für den Lernbereich Wirtschaft, genannt „Kompetenzen und Inhalte Wirtschaft" für die Klassen 6, 8 und 10. Leitfach für Wirtschaft im Rahmen des Fächerverbundes Geographie-Wirtschaft-Gemeinschaftskunde (GWG) ist in den Klassen 5–7 das Fach Geographie, in den Klassen 8–10 das Fach Gemeinschaftskunde.

Zur Theorie des bilingualen Wirtschaftsunterrichts

> *Die offensichtlichste und rasanteste Veränderung der jüngsten Zeit ist die Globalisierung aller gesellschaftlichen, politischen, ökonomischen und ökologischen Prozesse sowie die weltweite Vernetzung aller Kommunikation. Das Individuum, das […] daran Anteil hat und darauf Einfluss nehmen will, ist auf eine entsprechende Vertrautheit mit fremden Sprachen und Kulturen angewiesen und dies in möglichst vielen gesellschaftlichen Feldern.*
>
> *(Hallet 1998, 117)*

Bilingualer Sachfachunterricht für eine zeitgemäße Allgemeinbildung

Diese Zieldimension des bilingualen Sachfachunterrichts weist eine große Schnittmenge mit Klafkis Vorstellung von einer zeitgemäßen Allgemeinbildung auf. Zentrales Bildungsziel ist die Befähigung zur Bewältigung und Beeinflussung der drängenden Veränderungen und Prozesse (Schlüsselprobleme) auf nationalem wie globalem Parkett, einer Art umfassender Mündigkeit und Handlungskompetenz. Um dieses Ziel zu erreichen, sollten Schülerinnen und Schüler in der Lage sein, über die eigene Kultur mit anderen Sprachräumen in Dialog zu treten. Dazu genügt es nicht, sich auf Alltagssituationen zu beschränken, wie es tendenziell im Fremdsprachenunterricht geschieht. Vielmehr muss es darum gehen, auch „in wissenschaftlich fundierter Weise fachlich sowie fachsprachlich angemessen […] zu kommunizieren" (Hallet 1998, 118). Ein weiteres Ziel muss in Ergänzung dazu darin bestehen, die andere Kultur, deren Erfassung als Ganzes sicherlich eine Utopie darstellt, in Ausschnitten zu erfassen, um hierdurch eine Außenperspektive auf die eigene Weltsicht und damit deren Relativierung zu erfahren. Gleichzeitig hat die Globalisierung dazu geführt, dass es vermehrt zur Ausprägung universaler Phänomene kommt, die unabhängig von einem bestimmten Kulturkreis stehen[1]. Auch auf diesem Gebiet der Weltwirtschaft oder Weltpolitik muss die wissenschaftlich fundierte und fachlich angemessene Kommunikationsfähigkeit nach HALLET gesichert sein, um das oben genannte Bildungsziel zu erreichen (vgl. HALLET 1998, 118 f.).

Mehr als Business English

Zunächst scheint dann die Vorstellung, Wirtschaft auf Englisch zu unterrichten, nicht besonders begründenswert, ist doch der Lernbereich *Business English* aufgrund der im späteren Berufsleben folgenden Anforderungen an Schülerinnen und Schüler etabliert. Allerdings liegt hier der Fokus auf dem Erwerb sprachlicher Mittel für die Bezeichnungen innerbetrieblicher Prozesse bzw. für die betriebswirtschaftliche Kommunikation. Daher stellt sich beim Wirtschaftsunterricht an einem allgemeinbildenden Gymnasium – der neben der Vorbereitung zur Bewältigung von konkreten Lebenssituationen vor allem zum „Verständnis der Interdependenzen zwischen Gesellschaft, Wirtschaft und Politik" (Bildungsplan 2004, 250) beitragen will – diese Frage zum Teil neu. Die Antwort liegt in der Verdeutlichung des bilingualen Mehrwerts, der an dieser Stelle knapp auf zwei Ebenen dargestellt werden soll.

Zweifacher bilingualer Mehrwert

Auf sprachlicher Ebene vollziehen die Schülerinnen und Schüler den Schritt zum selbstverständlichen Lernen in der Fremdsprache. Für eine Unterrichtseinheit, die zwei Wirtschaftssysteme vergleichen will – das Modell der freien Marktwirtschaft (USA) mit dem der sozialen Marktwirtschaft (Bundesrepublik Deutschland) – bedeutet dies in erster Instanz den Umgang mit authentischen, weil den anglophonen Ländern entstammenden, Materialien. Im rezeptiven Umgang mit Texten und Gedanken der Vordenker der Marktwirtschaft (ADAM SMITH, BENJAMIN FRANKLIN) sollen die Schülerinnen und Schüler ihr Verständnis komplexer fremdsprachlicher Texte steigern. Doch auch im Bereich der Sprachproduktion lernen die Schülerinnen und Schüler, sich in diesem Lernbereich fachlich korrekt und präzise auszudrücken. Nicht zuletzt bieten die besonderen Herausforderungen einer bilingualen Einheit, die sich vor allem durch sprachliche Hürden ergeben, die Chance (und gleichzeitig die Pflicht für die Lehrkraft), in der inhaltlichen Arbeit auf die Erfassung und Verwendung weniger zentraler wirtschaftlicher Kategorien und Begriffe abzuzielen. Dies erfüllt dann im besten Sinne die Forderung nach exemplarischem Lernen.

1 Beispielhaft dafür kann hier der langjährige Werbeslogan „The world is our culture" der global vertretenen Textilbekleidungsfirma Esprit stehen. Kritisch ist anzumerken, dass diese hier dargestellte Vorstellung einer Art *interculture* eine eurozentristische bzw. auf „den Westen" bezogene ist.

Bezug zum Bildungsplan

Auf inhaltlicher Ebene ist selbstverständlich zunächst sicherzustellen, dass der Bezug zum Lehrplan gewährleistet ist. Darüber hinaus kann der Mehrwert des bilingualen Wirtschaftsunterrichts, der sich als Teil des gesellschaftswissenschaftlichen Lernfeldes und nicht primär als berufsvorbereitender Unterricht versteht, darin liegen, dass fachdidaktische Prinzipien auf neuen Pfaden umgesetzt werden. Der baden-württembergische Bildungsplan 2004 fordert:

> *[Die Schülerinnen und Schüler] sind in der Lage, die Funktionen einer Wirtschaftsordnung allgemein zu erfassen und insbesondere die soziale Marktwirtschaft der Bundesrepublik Deutschland in der Abgrenzung von der freien Marktwirtschaft sowie der staatlich gelenkten Wirtschaft zu unterscheiden und zu beurteilen.* (Bildungsplan 2004, 251)

Im besten Falle wird diese Kompetenz durch den Perspektivenwechsel im Unterricht erreicht, eines von vielen gemeinsamen Prinzipien politischer und ökonomischer Bildung. Dieses Ziel wird insofern erreicht, als die Länder USA und Deutschland in der Behandlung der Frage nach einem Ordnungsrahmen für die Wirtschaft sich deutlich unterscheidende Antworten gefunden haben. In der Analyse der Gründe für eine solche Entscheidung nehmen die Schülerinnen und Schüler verschiedene Perspektiven ein, was zudem bei einem solchen, von der Anlage her abstrakten Thema vor allem der Anschaulichkeit dient.

Didaktisch-methodische Überlegungen

Wie finde ich ein geeignetes Thema?

Perspektivenwechsel als Ziel

Gerade der Lernbereich der politisch-ökonomischen Bildung mit seinem Anspruch, das didaktische Prinzip der Kontroversität im Unterricht u.a. durch den Perspektivenwechsel umzusetzen, bietet sich dazu an, durch einen interkulturellen Bezug dazu hinzuleiten, einen Blick auf andere Kulturen und von außen auf Deutschland zu werfen. Diese Möglichkeit bietet der bilinguale Unterricht.

Durch die Knüpfung der Erarbeitung von Wirtschaftsordnungen an konkrete Beispiele der USA und Deutschlands hat das Thema einen landeskundlichen Bezug, im Zuge dessen u.a. die Frage diskutiert werden soll, inwieweit das mentale Modell des *American Dreams* in die Wirtschaftsordnung der USA Einzug erhalten hat. Gleichzeitig ist im Vergleich der Wirtschaftsordnungen die Multiperspektivität eine analytische Grundvoraussetzung. Des Weiteren hat das Thema insofern berufliche Relevanz, als es eine Einführung in ökonomische Denkkategorien bietet, die sich, gerade in englischer Sprache, im Berufsleben – allerdings auch im Alltag – wiederfinden. Die Authentizität der Materialien ist sicherlich ein zentrales Element des Mehrwerts bilingualen Unterrichtens, der im Hinblick auf die Motivation der Schülerinnen und Schüler nicht zu unterschätzen ist. Der Vergleich von Wirtschaftssystemen eignet sich aufgrund der anglo-amerikanischen Herkunft der Vordenker marktbasierter Wirtschaftsordnungen hervorragend für den Einsatz authentischer fremdsprachlicher Materialien.

Vorteil: Authentizität der Materialien

Organisatorische Grundfragen

Es hilft, vor der Durchführung bilingualer Einheiten die folgenden Fragen für sich zu beantworten:

- Gibt es an der Schule einen bilingualen Zug oder kann ich ein bilinguales Modul anbieten? Für beide Situationen ist die hier dargestellte Einheit geeignet.
- Sind die Materialien authentisch und für Schülerinnen und Schüler prinzipiell zugänglich und interessant?
- Ist die Anschaulichkeit gewährleistet? (Schaubilder, Grafiken, spielerische und handlungsorientierte Elemente, auditive Impulse)
- Welche Rolle sollen Ziel- bzw. Muttersprache spielen?
- Wie erleichtere ich den Schülerinnen und Schülern den Zugang zu sprachlich komplexen Materialien und Methoden? (Vokabelangaben, zweisprachige Wörterbücher, vereinfachende Schemata und Leitsätze, visuelle Hilfen bei der Strukturierung des Materials etc.)

Wie finde und erstelle ich effizient Material?

Bei der Recherche nach geeigneten Materialien fällt auf, dass es eine grundsätzliche Herausforderung gibt: In den USA und in England wird Wirtschaft in größerem Maße als in Deutschland unterrichtet. Dies hat zur Folge, dass Materialien, die angemessen aufbereitet wären, viele Grundlagen voraussetzen, die Schülerinnen und Schüler in Deutschland nicht erworben haben. Zudem führen die Unterschiede in den Curricula dazu, dass die englischsprachigen Lehrwerke oftmals auch solche betriebswirtschaftlichen Inhalte umfassen, die an deutschen Gymnasien nicht unterrichtet werden. Der volkswirtschaftliche bzw. wirtschaftspolitische Ansatzpunkt einer solchen Einheit ist jedoch trotzdem zu finden. Hat man eine gute Vorstellung vom Verlauf der Einheit, so finden sich die authentischen Materialien wie von selbst, z. B. auch in populärwissenschaftlichen Veröffentlichungen.

Authentische Materialien finden sich schnell

Für den Aufbau dieser Einheit habe ich mich an der Struktur des Kapitels zur Wirtschaftsordnung aus Politik&Co, Band 2 (Ausgabe für Baden-Württemberg) orientiert (Riedel 2006), welches konzeptionell bereits auf den Standards des baden-württembergischen Bildungsplans aufbaut und somit gezielt den Aufbau von Kompetenzen in den Blick nimmt.

Comparing Economic Systems – Beispiele einer Unterrichtseinheit in Klasse 10

Diese Einheit wurde in einer Klasse 11 (G9) und einer Klasse 10 (G8) durchgeführt. Der Inhaltsbereich „Wirtschaftsordnung" ist Teil praktisch aller Kerncurricula in Deutschland.

▶ Die 6. Stunde: Basics of a market economy

Ein Beispiel, das ich aus dieser Einheit hervorheben möchte, ist die Frage des Umgangs mit authentischen Texten oder Textteilen. Da ich in der Folgestunde das Marktmodell als Preis-Mengen-Diagramm mit Angebots- und Nachfragekurve herleiten wollte, war ein hinführender Text zur Denkweise von Unternehmern (s. Kopiervorlage S. 65) als Hausaufgabe zu lesen.

Adam Smith in zwei Sekunden erklärt

Der Text stammt im Wesentlichen aus einer populärwissenschaftlichen (und amüsant geschriebenen) Publikation, die sich dem Kerngedanken von Adam Smiths „The Wealth of Nations" widmet. Er wurde von mir annotiert, um Hürden hinsichtlich des Vokabulars abzubauen und gleichzeitig eine Vorentlastung für die Folgestunde zu leisten. Die Aufgabe besteht hier darin, den kleinen Lückentext auszufüllen und somit in der Lage zu sein, Adam Smiths Theorie quasi in zehn Sekunden erklären zu können. Meine Schüler kennen diese Methode bereits von mir – sie werden häufiger dazu aufgefordert, komplexere Zusammenhänge durch eine kurze Zeichnung, Pfeildiagramme oder zwei Sätze auf das Wesentliche zu reduzieren.

Eine mögliche Lösung lautet dann: *If you follow your own interests, this automatically leads to a positive effect for society. Everybody acts according to an invisible hand, which can also be called the market.* Oder konkreter: *If you bake bread to make money, this automatically leads to a supply of bread. Everyone acts according to an invisible hand, which can also be called the market.*

Wie stark steuern?

Nun könnte man einwenden, dass hier schon ein größeres Maß an Steuerung stattfindet. Im Umgang mit komplexem, authentischem Textmaterial halte ich diese Vorgehensweise jedoch für legitim, zumal die Aufgabe der Reduktion durchaus eine Herausforderung darstellt.

Adam Smith – The Invisible Hand

The part of Adam Smith's *The Wealth of Nations* (1776) that every schoolchild knows – or if not they should – gives us Smith's most famous idea. He wrote: "It is not from the benevolence of the butcher, the brewer, or the baker, that we expect our dinner, but from their regard to their own interest." [...]

To understand this fully, it is necessary to tie it to another, related section which, in slightly edited form, reads: "Every individual who employs capital and labours neither intends to promote the public interest nor knows how much he is promoting it ... he is led by an invisible hand which was no part of his intention. By pursuing his own interest, he frequently promotes that of society."

What Smith described here was the market mechanism, the laws of supply and demand. The point was that the market did not let businessmen raise prices. Customers would go to the competitors who offer lower prices. The invisible hand is the market, and through its operation the best possible, or optimum, outcome is achieved.

invisible – unsichtbar
benevolence – Wohlwollen
to employ – to use
capital and labours – Kapital und Arbeit
to promote – fördern
to pursue – verfolgen
supply/demand – Angebot/Nachfrage
outcome – Ergebnis

(Smith, D.: Free Lunch, 2003. 48-49; slightly adapted)

Ten-second Smith: The Invisible Hand

If you ______________________, this automatically leads to ______________________. Everybody acts according to an invisible hand, which can also be called ______________.

Aufbauend auf die Ergebnisse konnte ich dann in der Stunde die Angebotskurve für die Arbeit mit dem Marktmodell herleiten: Ich bin bereit mehr zu produzieren, wenn ich damit mehr Geld verdienen kann.

Die 7. Stunde: The Role of the U.S. Government

Ein weiteres Beispiel entnehme ich einer späteren Stunde der Einheit, die die Leitfrage trug: *What role does the U.S. government play in the U.S. market economy?* Ausgangspunkt war erneut eine kleine Hausaufgabe mit einem authentischen Originaltext, einem Ausschnitt aus Benjamin Franklins „Advice to a Young Tradesman". Die Sprache ist komplex, die Länge daher entsprechend angepasst und die wesentlichen Vokabeln angegeben. Die Leitfrage mit dem Operator „Explain" fokussiert die zentrale Idee.

In dieser Stunde sollten die Schülerinnen und Schüler die Rolle des Staates bzw. der Regierung in der US-amerikanischen Marktwirtschaft beurteilen können. Vor allem kommt es mir darauf an, dass sie verschiedene Gründe für das amerikanische Verständnis nennen können und sie somit mögliche Erklärungen für Unterschiede zur deutschen Einstellung zum „Vater Staat" entdecken. Zuvor wurde der *American Dream* als Konzept im Englischunterricht bereits thematisiert, ich konnte also auf ein gewisses Basiswissen aufbauen. Eine Absprache mit Kollegen ist hier unerlässlich.

Konzepte im Englischunterricht thematisieren

In einem Unterrichtsmagazin zur Marktwirtschaft habe ich einen Text von Benjamin Franklin in Übersetzung gefunden (s. S. 67), dem ich nach kurzer Online-Recherche den Originaltext zuordnen konnte.

Franklin beschreibt in seinem Text, dass es letztlich auf zwei Dinge ankäme: Fleiß und Sparsamkeit. Diese Vorstellung kulminiert dann inhaltlich in dem bekannten Spruch „Zeit ist Geld" und betont ganz ähnlich der protestantischen Arbeitsethik, wie erst zwei Jahrhunderte später von Max Weber beschrieben, dass es letztlich in der Hand des Einzelnen liegt, ob er reich wird, ob er den *American Dream* lebt oder nicht. Ausgehend davon sollen die Schülerinnen und Schüler einen Eindruck davon gewinnen, wie die amerikanische Wirtschaft organisiert ist und welche Aufgaben der Staat übernehmen sollte.

Der American Dream als mentales Modell

Einerseits bietet der Text Anknüpfungspunkte an den Englischunterricht, sofern das mentale Modell des *American Dreams* inhaltlich vorausgesetzt werden kann. Andererseits schafft er den Übergang von einem Gedanken, der jeden schon einmal bewegt hat, zur Frage nach dem Wirtschaftssystem mit folgenden Aspekten: Welche Rolle spielt jeder Einzelne in der Entwicklung seines sozialen Status'? Welche Rolle spielt der Staat in den USA? Und letztlich: Welche Rolle soll der Staat meiner Meinung nach spielen?

Franklin sagt hier: Es kommt auf den Einzelnen an: Bin ich sparsam? Bin ich fleißig? „Der Weg zum Reichtum ist so einfach wie der Weg zum Markt." Ich muss also nur verkaufen wollen. (Außer Gott hat anderes mit mir vor).

Kopiervorlage

How to become rich

Remember, that time is money. He that can earn ten shillings a day by his labor, and goes abroad, or sits idle, one half of that day, though he spends but six pence during his diversion or idleness, ought not to reckon that the only expense; he has really spent, or rather thrown away, five shillings besides.

labor – Arbeit
idle – müßig, faul
diversion – Ablenkung
expense – Ausgabe

In short, the way to wealth, if you desire it, is plain as the way to market. It depends chiefly on two words, industry and frugality; that is, waste neither time nor money, but make the best use of both. Without industry and frugality nothing will do, and with them everything. He that gets all he can honestly, and saves all the gets (necessary expense expected), will certainly become rich, if that Being who governs the world, to whom all should look for a blessing on their honest endeavors, doth not, in His wise providence, otherwise determine.

industry – Fleiß
frugality – Sparsamkeit
that Being – God
endeavor – Bemühen

(Franklin, Benjamin: Advice to a Young Tradesman (1748))

Task: Explain what you have to do to become rich.

Anders formuliert: Jeder kann seinen *American Dream*, den Traum vom sozialen Aufstieg, leben, wenn er oder sie sich nur bemüht. Dieser Gedanke mag natürlich im krassen Gegensatz zu Alltagsbeobachtungen, auch im persönlichen Umfeld, stehen. Gerade an diesen Widersprüchen zeigt sich jedoch die Bildsamkeit der Gegenüberstellung von Vorstellungen zur sozialen Mobilität in den USA und in Deutschland.

Unterschiedliche Vorstellungen zur sozialen Mobilität

Natürlich repräsentiert Franklin nicht „die" aktuelle amerikanische Vorstellung eines Wirtschaftssystems, daher lohnt sich der Blick auf ein offizielles Dokument zur amerikanischen Selbstdefinition. Auf den Internetseiten der amerikanischen Botschaft findet sich dazu eine Publikation, die, vom Department of State herausgegeben, an alle Botschaften verteilt wird und auch auf der Seite des Weißen Hauses direkt zu finden ist (vgl. Conte/Karr 2007). Inhaltlich fällt den Schülerinnen und Schülern schnell auf, dass die Priorisierung staatlicher Aufgaben in den USA eine andere ist als in Deutschland, sofern sie zunächst die deutsche Perspektive reflektiert haben.

Gerade dann stellt sich die Frage nach den Gründen für solche Unterschiede, was dann wiederum die Rückbindung an den Text von FRANKLIN oder darüber hinaus die Entstehungsgeschichte der USA ermöglicht.

Fazit

Wagnis, Freude und Chance bilingualen Wirtschaftsunterrichts

Auch wenn ich nicht verschweigen will, dass der erste Schritt hin zum bilingualen Wirtschaftsunterricht ein Wagnis war, umso mehr Freude bereitet er mir persönlich inzwischen. Viele Lehrer im sozialwissenschaftlichen Feld haben noch Respekt vor dem Fachbereich Wirtschaft, was dann durch die zusätzliche Hürde Bilingualer Unterricht noch verstärkt wird. Aber gerade darin besteht die Chance, sich immer wieder die richtigen Fragen zu stellen: Welche Bedeutsamkeit hat dieser Inhalt? Inwiefern kann eine Stunde, eine Einheit, sogar ein Schuljahr mit der Arbeitssprache Englisch die Perspektive auf einen Inhalt verändern und damit bereichern? Und genau diese Fragen sind es doch, die die gesellschaftswissenschaftlichen Fächer so spannend machen.

Eine gerechte Schule gestalten – Philosophieren über die Welt von morgen

7

Barbara Brüning

Seit Beginn der philosophischen Tradition vor ungefähr 2 500 Jahren haben Philosophinnen und Philosophen verschiedene Utopien entwickelt. Dabei handelt es sich um Entwürfe einer gerechten Gesellschaft, die meistens mit Schiffbrüchigen auf einer einsamen Insel beginnen. Abgeschottet von der realen Welt versuchen die Überlebenden, Kriterien für ein friedliches Zusammenleben zu finden.

Utopien entwickeln

Diese fiktive Situation – in der Philosophie auch als Naturzustand bezeichnet – liegt den folgenden Unterrichtsvorschlägen zugrunde. Die Schülerinnen und Schüler sollen sich in die Lage von Schiffbrüchigen versetzen, die für ein neues Leben nach Gerechtigkeitskriterien suchen.

Methoden des Philosophierens und bilingualer Unterricht

In den Sekundarstufen I und II wird in den einzelnen Bundesländern das Fach Ethik oder Philosophie als Wahlpflicht- bzw. Ersatzfach zum Religionsunterricht angeboten (vgl. Brüning 2003, 30–38). Darüber hinaus kann über Sinnfragen wie Gerechtigkeit auch fächerübergreifend philosophiert werden. Die Schülerinnen und Schüler sollen eigene Gedanken zu fundamentalen Problemen menschlicher Existenz entwickeln. Für das gemeinsame Nachdenken können **fünf Grundmethoden** angewendet werden, die auch als Kompetenzen in den Rahmenplänen zum Ethik- und Philosophieunterricht enthalten sind.

Fünf Grundmethoden des Philosophierens

Phänomenologische Methode: Wahrnehmen und beschreiben
Hermeneutische Methode: Texte und Symbole verstehen
Analytische Methode: Begriffe verstehen, Gründe anführen
Dialektische Methode: Gesprächsführung
Spekulative Methode: Gedankenexperimente durchführen

Die folgende Unterrichtssequenz dient dem gezielten Aufbau fachsprachlicher Elemente im Bereich des Ethik- und Philosophieunterrichts wie zum Beispiel *justice, fairness* oder *intellectual heritage of man*. Durch authentische Texte zweier Philosophen, die zu den Vertretern der Philosophy-for-Children-Bewegung in den USA gehören, lernen die Schülerinnen und Schüler Texte kennen, die sich mit gesellschaftlichen Problemen unserer Zeit beschäftigen und darüber hinaus einen starken Bezug zur Lebenswelt von Jugendlichen haben, sodass „jeder im Unterricht mitreden" kann. Das Material soll insbesondere zur Förderung der Sprechkompetenz beitragen. Hierbei stehen vor allem begriffliche Kompetenzen *(conceptual abilities)* zum Begriff „gerecht" *(just/fair)*, dialogische Kompetenzen *(dialogical abilities)* in Bezug auf Merkmale einer gerechten Schule und das Gedankenexperiment *(imaginative abilities)* im Mittelpunkt: *Imagine you had to found a fair school. Tell us your ideas.*

Reasoning skills entwickeln

Das eigene Nachdenken, Mitdiskutieren und Ideen-Entwickeln gehört zum Kern der Konzeption der *Reasoning skills* des amerikanischen Philosophen Matthew Lipman. Er stellte in seinem Buch „Philosophy in the Classroom" die These auf, dass in unserem Bildungssystem die drei R´s *Reading, (W)riting* und *A®ithmetic* durch eine vierte Tätigkeit ergänzt werden sollten: *Reasoning* (Lipman 1980, 25).

Zur gezielten Entwicklung von *Reasoning skills* sollten auch kooperative Methoden eingesetzt werden: die *Think-Pair-Share*-Methode mit Schreibgitter (vgl. Wittschier 2012, 46–48) und das Begriffsmolekül als Gruppenarbeit mit festgelegten Aufgaben der Gruppenmitglieder (vgl. Brüning 2012, 72 f.).

Eine gerechte Schule: Unterrichtssequenz für die Klassen 7/8

Die folgenden Vorschläge umfassen vier Einheiten, die inhaltlich-methodisch aufeinander aufbauen. Sie beginnen mit eigenen Ideen der Schülerinnen und Schüler und werden durch einen philosophischen Fachtext abgeschlossen.

Vier Bausteine einer gerechten Schule

- **Ideen entwickeln:** Finden eigener Kriterien für eine gerechte Schule (*Think-Pair-Share* mit Schreibgitter und Auswertung im Plenum)
- **Textarbeit:** *Harry and his friends think about school* (Lesen der Geschichte von Matthew Lipman und Diskussion)
- **Begriffsarbeit:** Nachdenken über den Begriff „gerecht" (Bau eines Begriffsmoleküls in kleinen Gruppen)
- **Wahlaufgaben: Textarbeit, Bildbetrachtung oder Popsong** (Konstantin Kolenda: *The school as an intellectual heritage of man*; Friedensreich Hundertwasser: *Das Luther-Gymnasium in Wittenberg* oder Pink Floyd: *We don´t need no education*)

Die Einstiegsphase: Ideen entwickeln

Die Schülerinnen und Schüler führen gleich zu Beginn ein Gedankenexperiment durch (spekulative Methode). Sie versetzen sich als Schiffbrüchige gedanklich auf eine einsame Insel; Rettung ist so schnell nicht in Sicht: *Imagine you have to live on an island for a long time and you want to found a fair school. Form groups of four students and find criteria for such a fair school.*

Think-Pair-Share

Bei der Ausarbeitung der Kriterien arbeiten die Schülerinnen und Schüler nach der *Think-Pair-Share*-Methode mit Schreibgitter. Jeder Schüler und jede Schülerin notiert zunächst selbstständig zwei Kriterien (Think-Phase). Diese werden anschließend stichwortartig in vier Ecken eines DIN-A3-Blattes geschrieben (*Pair*-Phase). Nach der Diskussion in der Gruppe fassen die Schülerinnen und Schüler in der Mitte des Blattes vier Kriterien als gemeinsames Resümee zusammen (*Share*-Phase). Alle Gruppen stellen abschließend ihre Kriterien in der Klasse vor und diskutieren darüber. Diese Arbeitsform fördert neben der Methodenkompetenz die Kommunikationsfähigkeit in der Gruppe und die persönliche Verantwortung der Teilnehmenden für das soziale Miteinander: Alle Gruppenmitglieder müssen sich um eine Problemlösung bemühen und gemeinsame Kriterien finden.

Textarbeit: Harry and his friends think about school

Gerechtigkeitskriterien finden

Der amerikanische Philosophieprofessor Matthew Lipman (1922–2010) gründete in Montclair bei New York 1972 das *Institute for the Advancement of Philosophy for Children*. Er wollte Lehrerinnen und Lehrer fortbilden, damit sie Kinder und Jugendliche im Schulunterricht anregen, über Sinnfragen wie zum Beispiel nach einer gerechten Schule oder Gesellschaft gemeinsam nachzudenken und zu diskutieren. Dafür entwickelte er spezielle Lernmaterialien wie das Textbuch „Harry Stottlemeier`s Discovery". In diesem Buch entdeckt der zwölfjährige Harry erste Grundgesetze aristotelischer Logik – Stottlemeier ist ein Sprachspiel mit *Aristotle*. Im fünften Kapitel denken Harry und seine Freunde auch über Institutionen wie eine gerechte Schule nach.

Da das Buch bereits 1980 erschienen ist, bringen wir hier den entsprechenden Textauszug, den die Schülerinnen und Schüler lesen und diskutieren sollen.

Mark, however, was still thinking about their earlier topic of conversation: "I still think the history class is awful. In fact, *all* the classes in this school are awful. It's an awful school."

"Are there better ones?" asked Harry.

"No," Mark replied, "There probably aren't. I know kids in private school and I know kids in parochial school, and from what they tell me, the schools are awful everywhere."

"What makes them so bad?" Harry wanted to know.

"Grown-ups," was Mark's prompt answer. "They run the schools to suit themselves. As long as you do what you're told, you're okay. But if you don't, you're dead."

Both Maria and Harry were a bit upset by what Mark had said. But Maria sat perfectly still, while Harry paced up and down. Finally he picked up a stone and threw it at a telephone pole. It missed by two or three feet.

"Mark," Maria began quietly, "They're only trying to do what's good for us." "Yeah," said Mark, "and you can be sure they'll call it good, no matter what they do."

"Well, but someone has to run the schools, and so it has to be the grown-ups, because they know more than anyone else. It's the same way with other things. You wouldn't want to fly on an airplane where the pilot was just a little kid, would you? And you wouldn't want to go to a hospital for an appendicitis operation where the surgeons and nurses were just little kids, would you? So what else is there to do but let grown-up people run the schools because they're the only ones who can do it right?" Maria took a deep breath. It was a lot of talking for her to have done.

Mark looked very glum. "I didn't think up the idea that kids should run the schools – you did. Of course – I don't know – maybe if they did, things wouldn't be any worse than they are now."

Harry shook his head. "It isn't a question of whether the grown-ups should run the schools, or whether the kids should. That's not the question at all. The real question is whether the schools should be run by people who know what they're doing, or by people who don't know what they're doing." "What do you mean, 'know what they're doing'?" Maria asked.

Harry shrugged his shoulders. "Understand, I guess," he answered. "Whoever runs the schools should understand kids, for instance. I think Mark's right. Lots of times they don't. But the most important thing they need to understand is why we're in school in the first place."

"We're in school to learn." Maria said.

"Are we?" Harry asked. "What are we supposed to learn?"

▶

▶

"Answers, I suppose." Maria wondered what Harry was driving at. Then she thought she caught on. "No, no, I take that back. We're supposed to be learning how to solve problems."
Mark looked at Maria, then at Harry, then at Maria again. "Should we be learning how to solve problems," he said finally, with an air of wondering, "or should we be learning how to ask questions?"
Harry thought he had the answer: "We should be learning how to think," he said, "We do learn how to think," was Mark's response, "but we never learn to think for ourselves. These teachers don't want to admit it, but I have a mind of my own. They're always trying to fill my mind full of all sorts of junk, but it's not the town junkyard. It makes me mad."

Lipman, Matthew (1980): Harry Stottlemeier's Discovery. Institute for the Advancement of Philosophy for Children: Montclair, N–J, p. 22-24

Schule soll Nachdenken fördern

Nachdem der Text von MATTHEW LIPMAN gelesen wurde, sollte ein Unterrichtsgespräch insbesondere die Frage klären, ob eine Schule, in der Kinder und Jugendliche das Sagen hätten, eine gerechte Schule wäre. Interessant ist auch der Aspekt, ob die Hauptaufgabe einer Schule darin bestehen sollte, Schülerinnen und Schüler zum eigenen Nachdenken anzuregen (Harrys Position) oder Wissen zu vermitteln. Folgende Leitfragen könnten in der Klasse diese Diskussion anregen:

Kopiervorlage

Questions for a Classroom Discussion

- What is an awful school? Explain it by giving an example.
- Why were Maria and Harry a bit upset?
- What do Maria and Mark think about the role of grown-ups at school?
  Maria thinks that kids are able to run schools because …
  Mark thinks that kids can't run schools because …
- And what does Harry answer? What are students supposed to do at school?
- Do you agree or disagree with Harry's opinion? Give reasons for your statement.

Wortfelduntersuchung durchführen

Bau eines Begriffsmoleküls zum Begriff „gerechte Schule"

Durch die eigenen Gerechtigkeitskriterien und die Ideen von Harry und seinen Freunden haben sich die Schülerinnen und Schüler bereits dem Begriff der gerechten Schule genähert. Sie können nun durch den Bau eines Begriffsmoleküls beginnen, den Begriff vertiefend zu betrachten. Diese Methode dient im Ethik- und Philosophieunterricht dazu, einen abstrakten Begriff wie Gerechtigkeit anschaulicher zu machen. Mithilfe von verschiedenen Begriffen (Wortfelduntersuchung) wird ein Begriff wie *fair school* in verschiedene semantische Einheiten zerlegt. Dadurch erkennen die Schülerinnen und Schüler seine vielfältigen Bedeutungen. Dieses Verfahren der Begriffsklärung kann auch in Fächern wie Politik, Geschichte und allen Fremdsprachen angewendet werden, um abstrakte Begriffe zu präzisieren. Gearbeitet wird mit Styroporkugeln verschiedener Größe, an die jeweils Zettel mit verschiedenen Begriffen angeheftet und durch Stäbchen verbunden werden.

Ein Begriffsmolekül bauen

Zum Bau eines Begriffsmoleküls werden kleine Gruppen gebildet, die in drei Phasen arbeiten (am besten wären Vierergruppen).

In den Gruppen sollten vorher bestimmte Aufgaben festgelegt werden: Diskussionsleitung, Bauverantwortliche/r (steckt die Kugeln zusammen), Präsentator/in und Regelbeobachter/in (achtet darauf, dass beim Bau diskutiert wird und Gesprächsregeln eingehalten werden).

▶ **1. Phase:** Einzelarbeit

Jeder Schüler/jede Schülerin schreibt vorher mindesten fünf Begriffe auf einen Zettel, die den Begriff „gerechte Schule" näher bestimmen, (Wortfelduntersuchung), wie zum Beispiel: *fairness, justice, participation, no discrimination, rules for students and teachers, no marks, ecological environment, parliament of students, problem solving skills, no punishment, no homework, inclusion, etc.*

▶ **2. Phase:** Austausch in der Gruppe

Die Schülerinnen und Schüler tauschen sich in kleinen Gruppen über ihre Wortfelder aus. Sie überlegen sich, welche Begriffe aus den verschiedenen Wortfeldern miteinander kombiniert werden können. Dabei wird die Dreidimensionalität eines plastischen Moleküls genutzt. Vor dem Bau des Begriffsmoleküls sollten folgende Gesichtspunkte in der Gruppe geklärt werden (am Beispiel von *fair school*):

- Welche der gefundenen Begriffe zur Charakteristik einer gerechten Schule sollen aus den verschiedenen Wortfeldern in das Molekül übernommen werden? Die Gruppe einigt sich durch eine Diskussion auf zehn Begriffe: *Find at least ten words that describe a fair school.*

- Wenn die zehn Begriffe feststehen, werden sie auf selbstklebende Zettel geschrieben und in eine Rangordnung gebracht, welche die Wichtigkeit der Begriffe für eine gerechte Schule festgelegt, d. h., die Schülerinnen und Schüler überlegen gemeinsam, ob beispielsweise die *rules for students and teachers* wichtiger sind für eine gerechte Schule als *no punishment* oder *participation*: *Which words are more important than others to describe a fair school? Make a decision and work out a ranking for these words.*

Hauptbegriff mit zehn Begriffen umschreiben

- Anschließend wird an die größte Kugel der zu klärende Begriff (*fair school*) auf einem selbstklebenden Zettel geheftet; die restlichen Zettel mit den Begriffen werden je nach ihrer Wichtigkeit an größere oder kleinere Kugeln geheftet und durch Stäbchen verbunden: Die in der Rangordnung oben stehenden Begriffe werden mit kurzen Stäbchen und großen Kugeln direkt mit dem Hauptbegriff verbunden; die weniger wichtigen Begriffe auf kleineren Kugeln und mit längeren Stäbchen weiter weg montiert.
  Write down the words on sheets of paper and fix them to the balls. Connect the balls to the main ball with the name "fair school" and set up your conceptual molecule (mind map). You have to consider how you have ranked the words.

Begriffe in eine Rangfolge bringen

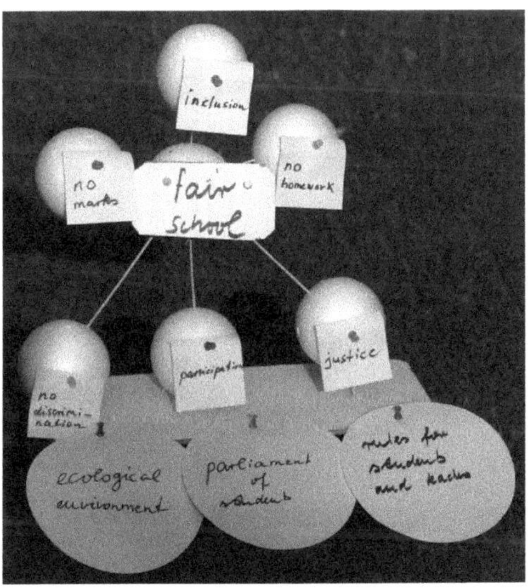

Abb. 1: Begriffsmolekül

(Foto: B. Brüning)

▶ **3. Phase:** Präsentation des Ergebnisses

Präsentation des Begriffsmoleküls

Nachdem alle Begriffe durch Stäbchen mit dem Hauptbegriff verbunden worden sind, werden die Begriffsmodelle der verschiedenen Gruppen in der Klasse vorgestellt. Dabei sollte auf Begründungen für die Anordnung der Kugeln (Rangordnung der Begriffe) geachtet werden: *Explain to us why the concept of "rules for students and teachers" is very important for a fair school. Give reasons for how you have ranked the words.*

Hinweise zur praktischen Durchführung

Materialien: Styroporkugeln in verschiedenen Größen aus dem Bastelladen, Holzstäbchen (Zahnstocher und Schaschlikstäbchen), selbstklebende Zettel (Notizblöcke) und dicke Filzstifte

Merkmale einer gerechten Schule

Nachdem alle Begriffsmoleküle präsentiert worden sind, sollte ein Schüler oder eine Schülerin zusammenfassen, welche Merkmale eine gerechte Schule auszeichnen: *Give a summary of the different criteria for a fair school.*

Eine mögliche Zusammenfassung wäre: *In a fair school there are rules for students and teachers which have been worked out by a parliament of students and teachers. This parliament also checks whether these rules are implemented at school or not. In a fair school students treat each other with fairness and avoid discrimination of grown-ups who are not like others. A fair school motivates young people to think and to solve problems in a peaceful way.*

Wahlaufgaben: Text, Bild oder Musik

Stationenarbeit

Die letzte Unterrichtsphase soll stärker individuelle Interessen von Schülerinnen und Schülern berücksichtigen und ihnen zur Weiterarbeit ein differenziertes Angebot ermöglichen. Dafür werden drei Stationen eingerichtet.

In der Station 1 bearbeiten die Schülerinnen und Schüler den Text von Konstantin Kolenda (s. S. 77). Sie sollten die beiden Sinnabschnitte jeweils mit Überschriften versehen und ein Begriffsnetz (Mindmap) mit wichtigen Begriffen aus dem Text erstellen, das ihnen hilft, die Hauptgedanken des Textes in der Klasse vorzutragen. Dieser Text stellt erhöhte Anforderungen an das sprachliche Niveau der Schülerinnen und Schülern – obwohl er auch aus einem amerikanischen Philosophiebuch für Jugendliche stammt; er wird als Wahlaufgabe bearbeitet und ist ein Beispiel dafür, dass auch im bilingualen Unterricht differenziert werden kann.

The school as an intellectual heritage of man

In the process of living within the institution of the school, you become more fully aware of the main task of the school. This task consists first in introducing the new generation to the important intellectual skills, such as reading, writing, and arithmetic, and then in making it possible for young people to acquire knowledge accumulated by human beings in the course of their history. The school as an institution is the *guardian of the intellectual heritage of man.* It makes this heritage available to the new generation and it teaches methods and procedures by means of which this heritage can be used, continued, and enlarged. You are trained to become the kind of person who *appreciates* the importance of being informed and who himself acquires intellectual skills and abilities. In learning about the human past and human achievements, you also learn what you yourself can do and can be. In addition to acquiring different sorts of information, you acquire habits, dispositions, and skills which will enable you to lead a rich and rewarding life.

Throughout your student career you have repeated opportunities to observe and to evaluate the operation of educational institutions in which you participate. While recognizing that schools are necessary to prepare people for adult life, you may also notice that they have some negative aspects. You may find something impersonal and even confining about the *rigidity* of school regulations and you may often feel neglected and even unnoticed. That many students have felt this way is no secret, and much effort has been devoted to improving these conditions. Many people think that it is desirable to reduce the routine, the closely regulated aspects of school life, and repeated attempts have been made to reform schools, to make them more effective in reaching every child directly. It is clear that this ideal is difficult to attain, and, it may often be necessary to live with a less than perfect situation.

Konstantin Kolenda: Ethics for the Young 1982,
Tourmaline Press, Houston 1982, p. 56/57

Problems and questions

- Where do you think you learn most, in the classroom or at home doing homework? Would it be possible for you to learn on your own everything that you are taught at school? Why or why not?
- Write up a list of rules and regulations which affect your daily life as a student. Would you do away with some of them, and if so, why? Would you modify them, and if so, how?

In der Station 2 beschäftigen sich die Schülerinnen und Schüler mit dem Modell einer ökologischen Schule der Zukunft des österreichischen Künstlers FRIEDENSREICH HUNDERTWASSER (1928–2000).

Verbindung von Schule und Ökologie

Das Modell sollte den Schülerinnen und Schülern als Farbkopie oder als farbige Folie zur Verfügung gestellt werden. Sie erhalten die Aufgabe, es zu beschreiben (phänomenologische Methode) und die Idee zu skizzieren, die HUNDERTWASSER mit einer Schule der Zukunft verbindet. Sie werden ohne weiterführende Informationen darauf stoßen, dass HUNDERTWASSER eine Verbindung von Natur und Stadtplanung bzw. Institutionen angestrebt hat. Darüber hinaus könnte in Zusammenarbeit mit dem Kunstunterricht ein Kurzporträt des Künstlers erarbeitet und zusammen mit der Beschreibung des Schulmodells in der Klasse vorgestellt werden.

Kopiervorlage

Problems and questions

- What do you see in the picture? Write down some words which enable you to describe the model of an ecological school worked out by the Austrian artist Friedensreich Hundertwasser. Consider the different forms and colours.
- Discuss in the classroom: Is a school based on ideas of nature also a fair school? Give reasons for your beliefs.
- Refer to the internet and sum up biographical facts about Friedensreich Hundertwasser.
- Imagine the school of the future and write down a short story about a school you would like to attend. Some topics could be: school and nature, school and solar energy, school and different cultures, etc.

In der Station 3 lesen die Schülerinnen und Schüler zunächst den Songtext „We don´t need no education" der Popgruppe PINK FLOYD aus dem Jahr 1979 (er kann aus dem Internet heruntergeladen werden). Anschließend versuchen sie sich damit auseinanderzusetzen, welches Bild von Lehrern und Eltern dieses Lied vermittelt. Danach sollte in der Gruppe über die beiden Hauptgedanken des Textes diskutiert werden: *We don´t need no education* bzw. *We don´t need no thought control.*

We don't need no education

Anschließend stellt die Gruppe ihre Ergebnisse in der Klasse vor, wobei dann auch das Lied vorgespielt und diskutiert werden könnte.

Kopiervorlage

Problems and questions

- Describe daddies and teachers represented in this song.
  Daddy leaves behind me …
  Teachers hurt grown-ups because they …
- Explain the word "thought control".
- Discuss in the classroom: Do you agree with the idea that children need no education? Give reasons for your statement. Give some examples of a bad education and a good education. In the discussion consider your mind map of a fair school.

Begriffsmolekül ergänzen

Die Ideen aller drei Stationen werden in der Klasse ausgewertet und ggf. als Abschluss in die Begriffsmoleküle eingearbeitet. So könnten die Schülerinnen und Schüler ihre Begriffsmoleküle – sofern sie aufbewahrt werden – um weitere Begriffe ergänzen, beispielsweise aus dem Text von Konstantin Kolenda die Begriffe *aquire knowledge, human achievements, intellectual heritage of man*; aus der Diskussion um Hundertwassers ökologische Schule die Verbindung *school and nature* und aus dem Lied der Gruppe Pink Floyd *no thought control.*

Jeder Schüler und jede Schülerin sollte zum Abschluss in die Umrisse eines Schulgebäudes in Form von Sätzen oder Stichworten jene Aspekte einer *school of the future* schreiben, die er oder sie für wichtig hält.

8 Bilinguale Module im Mathematikunterricht

Katharina Prüfer

> *Insgesamt hab ich sowieso den Eindruck, dass die Mehrheit der Klasse immer versucht, wenn's irgendwie möglich ist, die Fragen auf Englisch zu beantworten, und dass sie daran auch Spaß haben, also dass sie das nicht machen, nur weil sie's machen sollen, sondern, dass sie das auch genießen.* (D, I2, 8)

So positiv kommentiert eine Lehrerin[2] die Reaktion ihrer Schülerinnen und Schüler auf den Einsatz der englischen Sprache im Mathematikunterricht. Dieser Enthusiasmus soll mithilfe dieses Artikels auf andere Lehrkräfte übertragen werden und sie ermutigen, bilinguale Module in ihrem Mathematikunterricht einzusetzen. Hierzu wird erörtert, warum und wie bilinguale Module im Mathematikunterricht eingesetzt werden können. Dabei werden insbesondere Erfahrungen aus bilingualen Modulen im Mathematikunterricht integriert, die im Rahmen einer Dissertationsstudie durchgeführt wurden.[3] Es werden die Eignung von bestimmten Themen, die Materialbeschaffung und die Sprachnutzung in bilingualen Modulen diskutiert. Der Artikel umfasst des Weiteren konkrete Arbeitsblätter mit methodischen Hinweisen für (den Einstieg in) bilinguale Module.

Bilinguale Module in Mathematik – warum?

Mathematik polarisiert

„Mathematik ist ein polarisierendes Fach, ein Fach, das entweder geliebt oder abgelehnt wird" (Henn/Kaiser 2001, 359). Das Zitat verdeutlicht, dass Schülerinnen und Schüler mit dem Unterrichtsfach Mathematik starke Gefühle verbinden können. Von bildungspolitischer Seite wird dem Fach eine dominante Rolle im schulischen Kanon zugeschrieben; es wird in allen Jahrgangsstufen unterrichtet und die Lernenden können es noch nicht einmal in der Oberstufe abwählen. Dieser zentrale und umstrittene Stellenwert

2 Die Angaben nach den Zitaten verweisen jeweils auf die interviewte Lehrperson, den Zeitpunkt des Interviews (I1 vor, I2, während und I3 nach dem bilingualen Modul) und die Stelle im jeweiligen Interviewtranskript.

3 Die Dissertationsstudie wurde zwischen Februar 2011 und Februar 2012 durchgeführt. In dem Rahmen wurden von sechs unterschiedlichen Lehrkräften bilinguale Module (in unterschiedlichen Klassen und zu unterschiedlichen Themen) im Mathematikunterricht durchgeführt. Diese wurden von der Forscherin mit Schülerfragebögen und Lehrerinterviews wissenschaftlich begleitet. Der Fokus lag auf der Lernbereitschaft, einem motivationalen Konstrukt, der Schülerinnen und Schüler.

des Faches Mathematik könnte es für bilinguale Module interessant machen. Dies soll an dieser Stelle aber nicht theoretisch über Interessenstheorien bzw. Ergebnisse von Vergleichsstudien erörtert werden, stattdessen kommentieren die in der empirischen Studie befragten Lehrerinnen und Lehrer, warum sie bilinguale Module im Mathematikunterricht interessant finden:

Also Schule lebt davon, dass man ab und zu mal was Spannendes, Ungewöhnliches macht, was alle so'n bisschen auch von den Stühlen holt (lacht), aus der allgemeinen Trägheit holt und eben interessant ist, weil's anders ist. (A, I1, 9)

Was ich so'n bisschen hoffe, ist, dass es für die [Schüler] weiterhin Motivation war, also jetzt ist es ja auch dann mal was ganz anderes, das auf Englisch zu machen, dass sie das so'n bisschen motiviert, durch die Abwechslung einfach weiter dabeizubleiben. Das ist eigentlich so, was ich am meisten hoffe. (B, I2, 57)

Dass jetzt Naturwissenschaften und Sprache, dass das nicht so disjunkte Dinge sind irgendwie, sondern dass das alles zusammenhängt. Und wer Mathe kann, das ist schön und gut, aber der muss sich auch 'n bisschen ausdrücken können, der muss sich anderen mitteilen können und der kann auch nicht irgendwie, sitzt nicht im Elfenbeinturm und sagen ‚Mit Sprachen hab ich nichts am Hut', das geht einfach nicht heutzutage. (C, I2, 40)

Die Zitate verdeutlichen, dass es verschiedene Gründe, gibt, warum Lehrkräfte bilinguale Module im Mathematikunterricht für sinnvoll erachten. Sie sollen als Impression an dieser Stelle genügen, weshalb bilinguale Module im Mathematikunterricht eingesetzt werden können.

Geeignete Themen

Zunächst sei betont, dass in bilingualen Modulen Themen des Lehrplans behandelt werden sollten. In der Diskussion um geeignete Themen für bilinguale Module kann auf die Nutzung verschiedener Sprachebenen verwiesen werden: *BICS – Basic Interpersonal Communicative Skills* und *CALP – Cognitive Academic Language Proficiency* nach Cummins (1979). BICS beziehen sich auf die Sprechfunktionen, die im Austausch zwischen Menschen täglich notwendig sind: die Alltagssprache. CALP verweisen auf fachspezifische Termini und Redewendungen: die Fachsprache. Für das

Fokus auf BICS vielversprechend

Unterrichtsfach Mathematik setzt sich die Fachsprache aus Zahlen, mathematischen Symbolen und fachtypischen Ausdrucksweisen zusammen; die Fachsprache nimmt potentiell einen hohen Stellenwert im Unterricht ein.

Alltagssprache und Fremdsprache im Unterricht

Schulisches Wissen wird in jedem Fach sprachlich vermittelt und somit wird auf Alltagssprache zurückgegriffen: „Language is the primary vehicle for learning, instruction, and overall intellectual development" (Kersaint et al. 2009, 46). Speziell in CLIL werden beide Sprechfunktionen BICS und CALP genutzt: „In CLIL classes where language and subject teaching partly overlap, both CALP and BICS are used" (Barbero 2007, 288). Mentz (2010, 36) betont, dass Geisteswissenschaften aufgrund ihres geringen Anteils von Fachsprache und großen Anteils von Alltagssprache für bilingualen Unterricht favorisiert würden. Diesem grundsätzlich zugesprochenen Anteil von Fachsprache widerspricht er (2010, 36): „Außerdem muss hinterfragt werden, ob tatsächlich ein geringerer fachsprachlicher Anteil vorhanden ist. Dies hängt nach Ansicht des Verfassers primär mit der ausgewählten Thematik des jeweils betroffenen Faches zusammen." Somit werden in allen Fächern prinzipiell Alltags- und Fachsprache genutzt; die Gewichtung der Sprechebenen scheint themenabhängig zu sein.

Krechel (2003, 199) und Mentz (2010, 42 f.) betonen, dass es wichtig sei, genau zu überlegen, warum welches Thema bilingual behandelt wird.

▶ ▶ ▶ Folgende Kriterien können hier für die Wahl eines Themas angelegt werden:

- Die Alltagssprache steht im Vordergrund (Krechel 2003, 197 f.)
- Diskussionsanlässe werden ermöglicht (ebd., 197)
- Themen sind kognitiv nicht zu komplex (Gierlinger 2007, 215)

Diese Themen gibt es im deutschen Mathematikunterricht. Die Bildungsstandards für den mittleren Schulabschluss für das Fach Mathematik fordern eine kommunikative Ausrichtung in allen Themengebieten und somit einen Fokus auf Alltagssprache (KMK 2004, 6). Die Bildungsstandards umfassen allgemeine mathematische Kompetenzen (mathematisch argumentieren; Probleme mathematisch lösen; mathematisch modellieren; mathematische Darstellungen verwenden; mit symbolischen, formalen und technischen Elementen der Mathematik umgehen und kommunizieren), die in unterschiedlichem, aber deutlichem Maße die Verwendung der Alltagssprache einfordern. Die allgemeinen mathematischen Kompetenzen finden sich in unterschiedlicher Ausprägung in den inhaltsbezogenen Kompetenzen bzw. Leitideen (Zahl, Messen, Raum und Form, Funktionaler Zusammenhang und Daten und Zufall) wieder.

Sprachlich wenig komplexe Themen wählen

Wenn nun ein Thema in Mathematik bilingual unterrichtet wird, muss darauf geachtet werden, dass es fachlich und sprachlich nicht zu komplex ist. Mathematisch anspruchsvolle Themengebiete legen zunächst einen Schwerpunkt auf innermathematische Überlegungen, wie den Umgang mit symbolischen, formalen und technischen Elementen der Mathematik oder mathematischem Problemlösen. Hierbei spielt die mathematische Fachsprache im Gegensatz zur Alltagssprache eine dominante Rolle. Beispiel hierfür ist das Thema „Rationale Zahlen“ (Leitidee Zahl) oder das Thema „Terme und Gleichungen“ (Leitidee funktionaler Zusammenhang). Fachlich und sprachlich weniger komplex sind hingegen Themen, die einer Leitidee entstammen, die relativ alltagsnah ist und somit die Nutzung von Alltagssprache erfordert und einen übersichtlichen Anteil von Fachsprache aufweist; dies sind insbesondere Themen aus der Leitidee Daten und Zufall bzw. Themen wie „Prozente“ und „Proportionen“ (Leitidee Zahl bzw. funktionaler Zusammenhang). Bezüglich der allgemeinen mathematischen Kompetenzen sollten diejenigen Kompetenzen im Vordergrund stehen, die den Einsatz der Alltagssprache fokussieren und die Fachsprache nicht zu sehr in den Vordergrund rücken. Somit sollten hier die Kompetenzen des Modellierens, Kommunizierens und Argumentierens betont werden.

> In einer bilingualen Einheit im Mathematikunterricht sollte ein Thema behandelt werden, welches alltagsnahe Kommunikation erfordert. Stark kalküllastige oder innermathematische Themen sollten nicht in einem bilingualen Modul behandelt werden.

In der Dissertationsstudie wurden bewusst Themen dieser Art für bilinguale Module ausgewählt. In drei von sechs Modulen wurde ein Thema der Stochastik bilingual unterrichtet. Zwei Module in der Oberstufe beschäftigten sich jeweils mit Anwendungsbezügen aus der analytischen Geometrie bzw. Analysis und ein Modul in der Mittelstufe setzt das geometrische Thema „Satz des Pythagoras“ um. Im Allgemeinen wurden alle behandelten Themen von den Lehrerinnen und Lehrern für ein bilinguales Modul als geeignet erachtet. Eine Lehrkraft erklärt das Gelingen der durchgeführten bilingualen Einheit zu einem stochastischen Thema und verweist auf die fachliche und sprachliche Komplexität:

> *Was an der Wahl des Themas liegt. Ich denke, wenn man sehr viel Funktionen macht und f von x und x hoch 3 minus 3 x Quadrat durch irgendwas, dann ist die Fremdsprache an der Stelle nicht so hilfreich, aber Wahrscheinlichkeiten sind nun mal ein sehr alltägliches Phänomen.* (A, I2, 8)

Sie betont, dass das Thema einer bilingualen Einheit alltagsnahe Kommunikation ermöglichen sollte:

> *Das ist, glaub ich, einfacher, über Wahrscheinlichkeit und Glücksspiele zu sprechen und über Anteile in der Bevölkerung, die nun irgendwas denken, meinen oder nicht meinen, Gründe, warum vielleicht Prozentzahlen so und so sein können. Das ist alltäglicher, das ist geht ganz toll zu unterrichten.*
>
> *(A, I3, 12)*

Geeignetes Material

Wenn nun ein geeignetes Thema für ein bilinguales Modul gefunden wurde, muss Unterrichtsmaterial zusammengestellt werden. Dies kann unterschiedlicher Herkunft sein (WOLFF 2011, 78).

Es können

- authentische Materialien (APPEL 2011, 87),
- Materialien aus dem Internet (BENTLEY 2010, 50),
- Übersetzungen aus der Erstsprache (BENTLEY 2010, 50) und
- zielsprachliches Unterrichtsmaterial (KOZIANKA/EWIG 2009, 139, GIERLINGER 2007, 219, BENTLEY 2010, 50) verwendet werden.

Englisches Schulbuchmaterial gewinnbringend einsetzbar

Um diese Unterrichtsmaterialien im deutschen Kontext nutzen zu können, müssen die fremdsprachigen Lehrwerke und die deutschen Curricula verglichen und Lücken, die sich u. U. ergeben, gefüllt werden (KOZIANKA/EWIG 2009, 143). Hierfür werden zunächst die zu erreichenden mathematischen Kompetenzen der deutschen mit den zielsprachlichen Schülerinnen und Schülern abgeglichen, um sicherzustellen, dass in den Schulsystemen ähnliche Ziele verfolgt werden. In der Studie wurden schwerpunktmäßig Materialien aus England und Neuseeland verwendet, da die Lehrwerke problemlos und preiswert von Deutschland aus zu bestellen sind (Beispiel: *smp interact* von Cambridge University Press). Der Vergleich der Curricula wird an dieser Stelle aus Platzgründen nicht ausgeführt; die Ziele der jeweiligen Curricula sind aber vergleichbar. Dies erlaubt den Einsatz entsprechender Lehrwerke in bilingualen Modulen im deutschen Mathematikunterricht.

> Das englischsprachige Schulbuchmaterial kann prinzipiell für ein bilinguales Modul im Mathematikunterricht genutzt werden. Es muss darauf geachtet werden, dass die Themen nicht unbedingt in identischen Jahrgängen behandelt werden und die Auseinandersetzung in unterschiedlicher Intensität erfolgt.

Die Lehrwerke können daher als Grundlage dienen, die durch andere Materialien (beispielsweise aus dem Internet oder übersetzte/eigens gestaltete Materialien) ergänzt werden muss, um dem deutschen Curriculum gerecht zu werden. Die Lehrkräfte der Studie konnten zu großen Teilen gut mit dem englischsprachigen Schulmaterial arbeiten, sie konnten aber auf Arbeitsblätter aus anderen Quellen zurückgreifen.

Dieses ergänzende Material könnte dann u. U. den sprachlichen Aspekt im Mathematikunterricht noch stärker betonen. Schülerinnen und Schüler können (schriftlich): mathematische Probleme entwerfen (Fetzer 2007, 246), Lerntagebücher führen, Verfahren erläutern und Wissensspeicher erstellen (Kuntze/Prediger 2005, 2 f.). Inwieweit diese Arbeitsschwerpunkte erwünscht sind, hängt von den pädagogischen und didaktischen Überlegungen der Lehrkraft ab. Die vorgeschlagenen Materialien integrieren derartige Aufgaben.

Fazit

Die an der Studie beteiligten Lehrkräfte empfanden es als eine Bereicherung, ein bilinguales Modul in ihrem Mathematikunterricht einzusetzen, und würden erneut ein Modul durchführen. Auch die Schülerinnen und Schüler profitierten in den überwiegenden Fällen von dem Modul. Diese Tatsache, in Kombination mit der Möglichkeit, an erschwingliches Material herankommen zu können, soll Lehrkräfte ermutigen, bilinguale Sequenzen in ihrem Unterricht durchzuführen:

> *Also, erst mal würde ich [einem Kollegen] sagen, der soll das auf jeden Fall machen (lacht), also auch dass man da keine Angst davor haben muss, vor der Sprache oder so, ich bin ja jetzt kein Englischlehrer, fand ich trotzdem nicht so schlimm, auch dass einen die Schüler an die Wand reden oder so, sowas passiert ja in der Regel auch nicht, das sind so die Ängste, die man vorher vielleicht mal hat, aber das passiert gar nicht.* (B, I3, 67)

Kommentierte Arbeitsblätter

Auf den folgenden Seiten befinden sich zwei Arbeitsblätter, die im Rahmen der Themen „Quadratische Funktionen“ bzw. „Wahrscheinlichkeit“ und „Prozente“ genutzt werden können.

Das Arbeitsblatt „The chicken problem“ kann als Einstieg in die Unterrichtseinheit „Quadratische Funktionen“ in der oberen Mittelstufe genutzt werden. Das Problem beschäftigt sich mit einem Landwirt, der für seine Hühner ein Gehege einzäunen will und dafür eine bestimmte Länge Zaun zur Verfügung hat. Die Schülerinnen und Schüler werden hier induktiv an quadratische Funktionen herangeführt. Sie erforschen, wie sich der Flächeninhalt eines Rechtecks bezüglich eines vorgegebenen Umfangs verhält (Task 1). Die Zuordnung Breite des Rechtecks zu Flächeninhalt stellt hierbei eine quadratische Funktion dar. Diese Zuordnung zeichnen die Schülerinnen und Schüler in einem geeigneten Koordinatensystem (Task 2). In der abschließenden Aufgabe (Task 3) evaluieren und begründen sie, welche Ausmaße der Landwirt nutzen sollte. Hier sollten sich die Schülerinnen und Schüler für die Dimension zehn mal zehn Meter entscheiden, da so das größte Gehege eingezäunt werden kann.

In dem Prozess müssen die Schülerinnen und Schüler zunächst Flächen und Umfänge von Rechtecken berechnen, ein Koordinatensystem beschriften und darin Punkte eintragen können. In der dritten Aufgabe reflektieren sie dann die gewonnenen Erkenntnisse sprachlich (schriftlich).

Das Arbeitsblatt „Find out about your classmates" kann in der Unterrichtseinheit zu Prozenten oder Vierfeldertafeln in der Mittelstufe eingesetzt werden. Die Schülerinnen und Schüler entwerfen einen Fragebogen, mit dem sie ihre Klassenkameraden besser kennenlernen können. Hierfür überlegen sie sich geeignete Fragen (Task 1), die sie anschließend im Plenum diskutieren. Die sprachlichen Strukturen, die die Schülerinnen und Schüler hierfür brauchen könnten, sind: *Do you? Have you ever? Would you like to? How many? How often?* usw. Anschließend einigen sie sich auf 10 bis 15 Fragestellungen für einen Fragebogen (Task 2). Diese Fragen könnten von der Lehrkraft auf einer Folie, einem Poster o. Ä. gesammelt werden. Die Schülerinnen und Schüler beantworten dann die Fragen (Task 3) und sammeln die Antworten (Task 4). Die Auswertung kann kollektiv oder individuell erfolgen. Es kann entweder um eine alleinige Auszählung der „Ja"- und „Nein"-Antworten im Rahmen des Themas „Prozente" gehen oder es können Antworten z. B. nach Geschlechtern getrennt im Rahmen des Themas „Vierfeldertafeln" gesammelt werden. Eine mathematisch schriftliche Auseinandersetzung wird anschließend angestrebt (Task 5). Wenn die Fragen formuliert sind, sollten die Schülerinnen und Schüler diese in Aussagesätze umformen können. Anhand des Arbeitsblatts könnten des Weiteren verschiedene Diagrammformen thematisiert werden.

The chicken problem

Farmer Peter wants to fence in a rectengular field for his chickens. He has got 40 metres of fencing.

Task 1: Find the area of the field for different widths and lengths of the fence:

x (= length of field)	width of field	y (= area of field)

Task 2: Find an appropriate scaling for the coordinate system and plot a graph from the table:

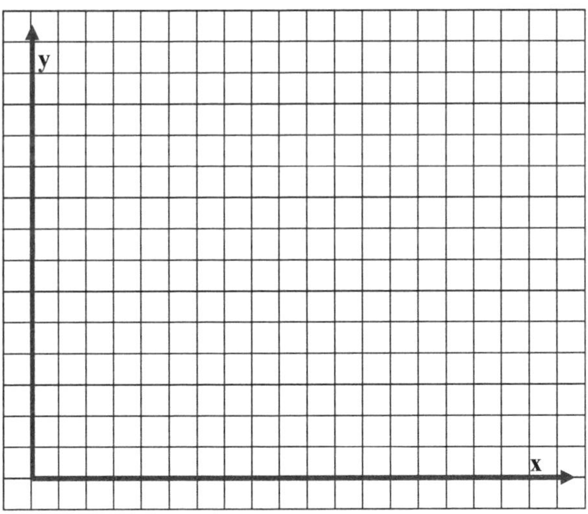

Task 3: Which dimensions will the farmer choose? Explain his reasons.

Find out about your classmates

We are all members of one class. But how much do we really know about each other? We will do a questionnaire to investigate our class.

Find questions that can be answered with yes or no. Examples:

- Do you have any brothers or sisters?
- Have you ever been to Spain?

Task 1: Come up with interesting questions.
Task 2: Decide with the whole class on 10 to 15 questions you want to investigate. Note them down here:

1. ______
2. ______
3. ______
4. ______
5. ______
6. ______
7. ______
8. ______
9. ______
10. ______
11. ______
12. ______
13. ______
14. ______
15. ______

Task 3: Answer the questions yourself on a separate sheet of paper. You do not have to write your name on the sheet, since the questionnaire is anonymous.
Task 4: Collect the answers.
Task 5: Note down some of your most interesting findings in a complete sentence.

Example: 25 % of the whole class go on holiday in the summer.

______

______

______

Which hormones make the cycle go round? Biologie bilingual

9

Simon Olmesdahl

Biology, really?

Mein Botanikprofessor schloss die erste Vorlesung für die Erstsemester mit den Worten: „Wenn Sie meinen, Sie könnten jetzt Ihr Schulenglisch vergessen, dann irren Sie sich! In keiner Naturwissenschaft kommen Sie ohne Englisch aus, also lernen Sie es." Die Bedeutung des Englischen als *Lingua franca* der Naturwissenschaften ist seitdem nur noch weiter gewachsen, sodass zu allen Gründen, die in der Einleitung dieses Buches für bilingualen Unterricht aufgeführt werden, für Biologie noch ein weiterer hinzukommt: Er bereitet direkt auf ein Studium der Naturwissenschaften und die Teilhabe am wissenschaftlichen Diskurs vor.

Englisch ist für die Naturwissenschaften essentiell

Aber wie steht es mit der Forderung des bilingualen Unterrichts, auch interkulturelle Kompetenzen zu fördern? In Anbetracht der Tatsache, dass das Verdauungssystem überall auf der Welt gleich funktioniert und die DNA überall gleich aufgebaut ist, mag es weit hergeholt erscheinen, hier interkulturelle Kompetenzen fördern zu wollen. Doch gerade darin liegt der erste interkulturelle Beitrag der Biologie:

> Wir sind Teil der internationalen *scientific community*, die über die gleichen Fakten redet und den internationalen Austausch pflegt. Diese weltweite Gemeinschaft zu betonen ist ein Beitrag zur Ausbildung der Schülerinnen und Schüler, den so nur eine Naturwissenschaft leisten kann (vgl. Finn 2012, 40 f.).

Interkulturelle Differenzen treten erst bei der Bewertung dieser Sachverhalte auf. Hier wird der zweite interkulturelle Beitrag des Faches Biologie deutlich: Während international wenig Unterschiede in der Darstellung der Sachverhalte auftreten, bewerten verschiedene Länder diese Sachverhalte teils sehr unterschiedlich. Beispiele hierfür finden sich im Verhältnis zum Nichtraucherschutz, zur Sexualkunde oder zum Klimawandel.

Interkulturelle und didaktische Gründe sprechen für Biologie bilingual

Neben diesen inhaltlichen sprechen auch zahlreiche didaktische Gründe dafür, Biologie bilingual zu unterrichten, z. B.

- die Verfügbarkeit von vielfältigen weltweit produzierten Materialien für einen motivierenden Unterricht;
- die angelsächsische Betonung einer praktischen Herangehensweise durch *labs*;

- die vielfältigen Möglichkeiten für die non-verbale Kodierung von Inhalten durch Abbildungen, Animationen (mit und ohne Sprachausgabe) und Experimente. Oft reicht schon eine Abbildung als *scaffold*, um den Schülerinnen und Schülern einen Sachverhalt verständlich zu machen – in einem zweiten Schritt kann er dann verbalisiert werden.
- die Normierung der naturwissenschaftlichen Fachsprache, durch die durch frühzeitiges Üben geeigneter Redewendungen ein hoher Grad an Sprachgenauigkeit möglich wird.

Herausforderungen für Unterrichtende

Diesen besonderen Chancen des bilingualen Biologieunterrichts stehen besondere Herausforderungen aufseiten der Unterrichtenden gegenüber. So muss ein vierfacher Fokus bei der Unterrichtsplanung aufrechterhalten werden, indem stets inhaltliche, kommunikative, kognitive und interkulturelle Aspekte bedacht werden, wie Coyle (2006) ausführt. Lehrkräfte müssen dazu über ein breites Repertoire an Unterstützungsystemen und -maßnahmen *(Scaffolding)* verfügen, die auf allen vier Ebenen den Lernprozess erleichtern (vgl. Zydatiss 2010). Ist das nicht der Fall, kann dies zum Scheitern des Unterrichtserfolges führen. Unterrichtende müssen folglich ihre didaktischen Kompetenzen um den Bereich des *Scaffoldings* und der angemessenen Materialauswahl und -reduktion erweitern, sowie mehr Raum für sprachlichen Umsatz schaffen. Letzteres ist auch für den deutschsprachigen Biologieunterricht wichtig, darf jedoch im bilingualen Bereich auf keinen Fall vernachlässigt werden, da es hier für die Schülerinnen und Schüler „lebensnotwendig" ist. Diese Übungen auf einem angemessenen kognitiven Niveau stattfinden zu lassen ist eine weitere wichtige Fähigkeit, die ebenfalls mithilfe von entsprechenden Aufgabenstellungen und Stützsystemen gefördert werden muss (vgl. Meyer 2010).

Darüber hinaus bedarf die eigene Sprachkompetenz einiger Zusatzarbeit, da gerade bezüglich der Fachterminologie die Ausspracheregelungen sehr unsystematisch sind und häufig zwischen den einzelnen Standardvarianten (z. B. BE und AE) stark variieren. Schließlich werden in der anglophonen Welt häufig andere Schwerpunkte in der Vermittlung der einzelnen biologischen Themengebiete gesetzt, sodass einige Konzepte, wie z. B. physiologische Potenz oder die Anzahl der Mendelschen Regeln, im Englischen nicht bzw. anders benutzt werden.

Mittlerweile gibt es allerdings auch auf dem deutschem Markt etliche Hilfen für den Unterricht, z. B. für die Sekundarstufe I unser Lehrbuch „Discover Biology" und die dazugehörigen Modulhefte und DVDs.

Für Biologie als bilinguales Fach spricht also eine Vielzahl von Gründen.

Dabei hat sich gezeigt, dass etliche Schülerinnen und Schüler, die wenig Interesse an Sprachunterricht haben und sich selbst als „nicht sprachbegabt" einordnen würden, hochmotiviert sind, sich mit den Inhalten einer Naturwissenschaft auseinanderzusetzen. Das damit einhergehende Sprachlernen akzeptieren sie leichter, da es ja für die Inhalte relevant und somit authentisch ist.

Biology, really! Doch wie kann man den aufgeführten Besonderheiten gerecht werden? Im Folgenden sollen einige konkrete Stunden vorgestellt werden, die Prinzipien und Werkzeuge für bilingualen Unterricht aufzeigen. Diese lassen sich leicht auf andere Themen übertragen.

„Which hormones make the cycle go round?" – eine bilinguale Einheit

Die Reihe vermittelt komplexe Abläufe

Das Thema „Hormonelle Steuerung des weiblichen Zyklus" ist im Basiskonzept System verankert und wird in vielen Lehrplänen als Beispiel für die Steuerung und Regelung des Organismus verlangt. Es ist gut geeignet, um komplexe Abläufe zu verdeutlichen und Prinzipien von Ursache und Wirkung darzustellen. Die Planung dieser Einheit fußt auf den oben zitierten Ausführungen von Coyle und Meyer. Darüber hinaus wird die effektive Verwendung des Deutschen berücksichtigt und ein Werkzeug vorgestellt, um den Schülerinnen und Schülern die Ziele der jeweiligen Stunden deutlich zu machen.

Fachliche Herausforderungen und Vorwissen der Lernenden

Das Vorwissen ist ausschlaggebend für die Planung

Die Einheit zur hormonellen Steuerung des Zyklus ist in einer größeren Reihe zur Sexualkunde angesiedelt. Innerhalb dieser Reihe haben die Schülerinnen und Schüler schon die Begriffe für die weiblichen Geschlechtsorgane kennen- und anwenden gelernt. Darüber hinaus beherrschen sie die sprachlichen Mittel, um Liniendiagramme zu beschreiben – falls nicht, kann man diese Kompetenz auch in dieser Einheit unterbringen, müsste sie dann jedoch anders aufbauen. Während ihrer Schullaufbahn haben die Schülerinnen und Schüler zwar die Grundzüge des weiblichen Zyklus schon kennengelernt, wahrscheinlich jedoch nur auf Deutsch.

Daraus ergeben sich folgende besondere Herausforderungen für diese Einheit:

- Die Komplexität des Prozesses: Es müssen Vorgänge an drei Orten (Gehirn, Eierstöcke, Gebärmutter) sowie mindestens vier Hormone verstanden werden. Hier gilt es, Ursache und Wirkung geordnet und nachvollziehbar darzustellen, was einer hohen kognitiven Leistung bedarf.

- Sprachliche Herausforderungen: Die Wirkungsweise von Hormonen dürfte unbekannt sein, was beim Sprachlernen berücksichtigt werden muss (z. B. **LH tells the ovary to ovulate* ist unangemessen).

Understanding the basics of the cycle: learning with animations

Um der Komplexität des Prozesses Rechnung zu tragen, sollen die Schülerinnen und Schüler zuerst (wieder) in die Lage versetzt werden, den Zyklus in eigenen Worten zu beschreiben. Erst wenn sie diese Vorgänge für sich selbst konstruiert haben, kann im nächsten Schritt die Regelung durch Hormone bearbeitet werden. Je nach Klasse können und müssen Materialien natürlich gekürzt bzw. Aufgaben ausgetauscht werden – mit den hier vorgestellten Prinzipien kann und soll man kreativ umgehen, um sie auf die eigene Klasse zu übertragen.

Bewusstmachen des Stundenziels unterstützt das Lernen

So wie es eine Kernlesestrategie ist, sich die eigene Leseintention bewusst zu machen, führt das Bewusstmachen des Stundenziels am Anfang zu einer verbesserten Aufnahmebereitschaft der Lernenden. Hierzu dient ein **Reihenkalender**. Er umfasst eine einfache Tabelle auf Folie, die zu Beginn jeder Stunde ausgefüllt wird und das Datum sowie das Stundenziel enthält. Dabei ist es sinnvoll, das Ziel als Kompetenz zu formulieren, für diese Stunde zum Beispiel: *I can explain what happens in the uterus and the ovary during the menstrual cycle.*

Auf diese Weise schafft man nicht nur ein hohes Bewusstsein für das, was in der Stunde passieren wird, sondern behält auch die Übersicht über die vorangegangenen Stunden und kann immer wieder auf Gelerntes zurückgreifen.

Nach der didaktischen Reduktion des Themas auf die grundlegenden Prozesse des Zyklus *(CLIL-pyramid: content + topic selection)* muss nun ein Medium gefunden werden *(choice of medium)*, das angemessenen, verständlichen und reichhaltigen Input bietet, sowie Aufgaben, die die Schülerinnen und Schüler zu vielfältigem, kognitiv anspruchsvollen Output anregen *(cognition, communication: task design)*.

Vorteile von Animationen

Als ein typisches Beispiel für ein Medium im bilingualen Unterricht möchte ich hier eine **Animation** vorstellen. Vorteile von Animationen sind, dass sie durch die Sprachausgabe ein gutes sprachliches Vorbild bieten und dazu häufig noch von Untertiteln begleitet sind. Ein weiterer Vorteil von Animationen ist, dass sie ein eigenes Lerntempo ermöglichen, sofern ein Computerraum genutzt wird, in dem die Schülerinnen und Schüler Kopfhörer benutzen können. Für den kognitiven Lernprozess eignen sich Animationen besonders, da durch die bewegten Objekte der Prozess deutlich wird. Ein Nachteil dieses Mediums ist, dass – im Gegensatz zum Tafelanschrieb – der vorangegangene Schritt nicht mehr sichtbar ist. Daher ist es ratsam, Animationen mehrmals zu zeigen. Wie auch bei Printmedien verwenden unterschiedliche Autoren unterschiedliche Fachwörter *(egg cell vs. ovum; lining vs. endometrium)*, was zu Verwirrung führen kann. Im bilingualen Unterricht muss daher verstärkt darauf geachtet werden, unnötigen Fachwortbalast zu vermeiden, da er hier noch hemmender ist als im deutschen Unterricht.

Fachwortbalast vermeiden

Für die Auswahl einer Animation ergeben sich daraus also folgende Maßgaben: Sie muss didaktisch reduziert sein (d.h. in diesem Stadium ohne Hormone), die gewohnten Fachbegriffe verwenden und ein angemessenes Sprechtempo haben. Die hier verwendete Animation von kidshealth.org erfüllt diese Voraussetzungen und spricht darüber hinaus mehrere Sinne *(listening, reading, watching)* an.

Es ist sehr empfehlenswert, diese Stunde in einem Computerraum abzuhalten, da sich dort die Schülerinnen und Schüler die Animation im eigenen Tempo erarbeiten können. Dabei muss vorher sichergestellt werden, dass die Computer die Animation abspielen können und dass die Klasse Kopfhörer dabei hat. Außerdem lernen die Schülerinnen und Schüler so eine Website kennen, die auch für sie persönlich interessant sein könnte. Alternativ kann man die Animation über Beamer zeigen, wodurch jedoch einige der gerade genannten Vorteile verloren gehen.

Die Erarbeitung der Animation wird durch das Worksheet **WS 1** (s. S. 94) unterstützt, auf dem ebenfalls das Stundenziel aufgeführt ist.

Das *task design* der drei Aufgaben deckt die verschiedenen Bereiche des Lernprozesses ab:

- **Task 1:** *The medium is the scaffold.* Durch die Mehrfachkodierung der Animation werden die Schülerinnen und Schüler die hier aufgeführten Begriffe schnell verstehen. Die explizite Nachfrage nach den englischen *phrases* schafft jedoch Bewusstsein für diese Kernaussagen und stellt sicher, dass die Lernenden die Begriffe nicht nur verstehen, sondern auch anwenden. Sie schaffen sich auf diese Weise also ihr eigenes *Scaffold.*

Die Aufgabenformulierung unterstützt den Lernprozess

- **Task 2:** Hier werden verschiedene kognitive Ebenen angesprochen: Das Unterteilen in Phasen wird nicht explizit in der Animation thematisiert, das Einzeichnen verdeutlicht die sprachlichen Inhalte und die Formulierung vollständiger Sätze verlangt von den Schülerinnen und Schülern die sofortige Anwendung der neuen Begriffe. Hier ist nichts dagegen einzuwenden, wenn sie Worte aus der Animation „abschreiben", da akademische Sprache zu einem hohen Grad aus festen *collocations* besteht, die so trainiert werden. Auf diese Weise bereiten sie sich inhaltlich und sprachlich auf die dritte Aufgabe vor.

Flüssiges Sprechen wird trainiert

▶ **Task 3:** Nun sollen die Schülerinnen und Schüler die in Aufgabe 2 selbst erarbeiteten Erkenntnisse vermitteln. Dafür reicht es nicht, die aufgeschriebenen Sätze vorzulesen. Stattdessen sollen sie zu einem flüssigen Vortrag verbunden werden, wozu bei Bedarf auf dem WS 1 eine sprachliche Stütze in Form eines *output scaffolds* zur Verfügung steht. Die hier verlangte Prozessbeschreibung liegt kognitiv auf einem niedrigeren Niveau als die Erklärung von *cause and effect*, die von den Lernenden in der nächsten Stunde gefordert wird.

Zuerst wird allein, dann in Partnerarbeit geübt, was die *fluency* erhöht (*task-repetition*, vgl. MEYER 2010). Bei der Präsentation vor der Klasse habe ich gute Erfahrungen damit gemacht, dass die Schülerinnen und Schüler ihre Notizen auf das Pult hinter sich legen dürfen, sodass sie sich umdrehen können, falls sie den Faden verlieren. Sie lesen dann kurz nach, was der nächste Schritt ist, und fahren – ohne Notizen – mit der Präsentation fort. Als weitere Herausforderung kann die Aufgabe gestellt werden, nach fünf Minuten Vorbereitungszeit das Gleiche auf Deutsch zu präsentieren.

Kopiervorlage

Which hormones make the cycle go round? An Overview. WS 1

Goal: I can explain what happens in the uterus and the ovary during the menstrual cycle.

Materials:
Go to the website: www.kidshealth.org
Click on: for teens > sexual health > for girls > female reproductive system
Then click on the diagram on the right "Body Basics: Female Reproductive System".
Go to "Menstrual cycle".

Presenting Processes
At the beginning …
From day X to Z, …
On day Y …
Around day Z …
When … has reached …
At the same time …
Throughout the next phase …
…

▶

▶

Task 1: Find the English words for these terms:

die Schleimhaut wird ausgeschieden
Menstruation findet statt
ein Hormon wird ausgeschüttet
die Eizelle löst sich auf

Task 2: Create a fact sheet "An overview of the menstrual cycle" by following these steps:

a) Watch the animation and divide the cycle into four phases.
b) For each phase, write down: the number of days, what happens in the uterus and what happens in the ovary/fallopian tube (use complete sentences).
c) For each phase, draw a diagram that shows what happens (use the diagram on the right as your starting point).

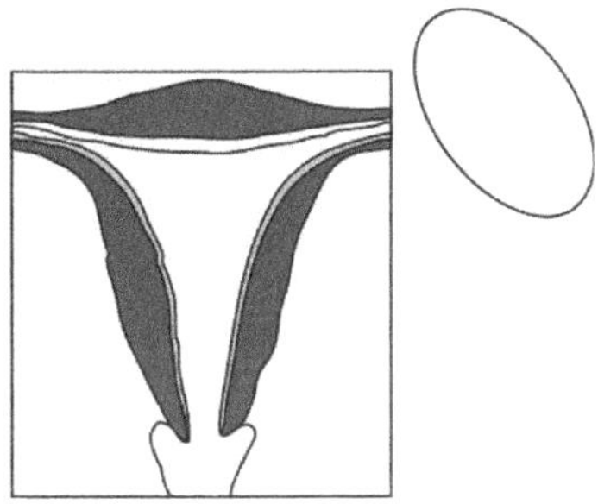

Task 3: Present your findings to your neighbour.
Use the terms from task 1 and remember the terms you already learned for describing processes (cp. box). Practising with your neighbour should enable you to present the process to the class – without your notes!

Understanding the hormonal control of the cycle: learning by constructing

Der Übergang zur hormonellen Kontrolle des Zyklus liegt nun nahe. In einem kurzen Unterrichtsgespräch kann das Vorwissen der Schülerinnen und Schüler aktiviert und eine erste Kurzdefinition von Hormonen erarbeitet werden.

Um die Schülerinnen und Schüler an das Verständnis des komplexen Wechselspiels der Hormone im weiblichen Zyklus heranzuführen, wird der Prozess in zwei Schritte unterteilt und es werden jeweils verschiedene kognitive Anspruchsniveaus geschaffen. Das Hypothalamus-Hypophysen-System wird dabei nicht erörtert, da es für das Wechselspiel zwischen Hypophyse, Eierstock und Gebärmutter für die Schülerinnen und Schüler in diesem Kontext keine Bedeutung hat.

Didaktische Reduktion ist angemessen

Zunächst werden anhand von **WS 2** (s. S. 97) lediglich die Hypophysenhormone erarbeitet (*content*). Die Schülerinnen und Schüler werden hier mit dem Ergebnis eines historischen Versuchs aus Wisconsin (interkulturelle Kompetenz: *worldwide scientific community*) konfrontiert.

Um die Aufgabenstellung zu bewältigen, müssen die Lernenden den Ablauf des Zyklus verstanden haben und nun die Konzentrationen von FSH und LH den verschiedenen Phasen zuordnen. Hypothesenbildung ist ein hoher kognitiver Vorgang, der hier erst einmal von der Verbalisierung entkoppelt wird *(cognition)*. Erst bei der Besprechung, die auf Folie erfolgen kann (zum Beispiel, indem man den oberen Teil von Arbeitsblatt 3b, s. S. 100, auflegt), müssen die Schülerinnen und Schüler versprachlichen, was sie vorher erarbeitet haben, und Gründe angeben *(communication)*. Explizites *Scaffolding* sollte hier nicht nötig sein, da die sprachlichen Mittel zur Beschreibung von Kurven zur Verfügung stehen. Somit sind alle vier „Cs" *(content, cognition, communication und culture)* bedacht.

Cognition und communication werden entkoppelt

Nachdem die Schülerinnen und Schüler nun wissen, welche Funktionen die Hypophysenhormone haben, sollen sie sich im nächsten Schritt die Wirkungsweise der Eierstockhormone Östrogen und Progesteron erarbeiten, um anschließend die Wechselwirkungen darzustellen.

Das **WS 3a** (s. S. 98) erklärt den Produktionsort der Eierstockhormone und stellt ihre Wirkungsweise dar. Der Text dient selbst schon als sprachliches Vorbild, sodass sowohl die Begriffe *cause, inhibit, be present, keep thick* als auch ihre sprachlich korrekte Einbettung den Schülerinnen und Schülern zur Verfügung stehen.

Die kognitive Herausforderung der **WS 3a** und **3b** ist, alle bisher erarbeiteten Informationen zu Wirkungsweise und -ort der Hormone zusammenzuführen. Da hier drei Orte und vier Hormone im Zusammenhang betrachtet werden müssen, weist das WS 3b schon ein Beispiel auf und es werden Kästchen zur Verfügung gestellt, die den kognitiven Prozess vorstrukturieren. Je nach Leistungsvermögen der Klasse kann man die Hilfestellungen auf diesem Blatt noch ausbauen bzw. reduzieren.

Flexible Hilfestellungen erlauben Differenzierung

Hinzu kommt ein **flexibles Scaffold**: **WS 3c** (s. S. 99) gibt minimale sprachliche Hilfen, indem es die Inhalte der Kästchen vorgibt, die nun „nur" noch zugeordnet werden müssen. An dieser Stelle kann der Anforderungsgrad der Aufgabe leicht an die jeweilige Lerngruppe angepasst werden. Das Blatt 3c kann in Kopie im Unterrichtsraum vorliegen, aber es sollte den Schülerinnen und Schülern freigestellt werden, ob sie darauf zugreifen möchten. Auch, wenn sie sich das Blatt 3c nicht holen, fordert sie Aufgabe 2 auf, sich minimale sprachliche Hilfen neben die Pfeile zu schreiben, wodurch die Schülerinnen und Schüler wiederum ihr eigenes *scaffold* erstellen, mit welchem sie anschließend ihre Erkenntnisse nach dem *Think-Pair-Share*-Prinzip versprachlichen. Die Auswertung kann auf Folie geschehen.

Which hormones make the cycle go round? LH and FSH. WS 2

Goal: I can explain the functions of the hormones that control the female cycle.

For a long time, people did not know how many and which hormones control the female cycle. Until one day in 1931, a professor from Wisconsin named Hisaw and his team published an article in which they explained some of their findings. They did research on the pituitary glands (Hirnanhangsdrüsen) of rats and were able to isolate two hormones, FSH and LH. When they tested their effect on ovaries, this is what they found:

FSH: High concentrations cause an egg cell to mature in the follicle.

LH: High concentrations had no effect on untreated ovaries. But when the ovaries were treated with FSH first, LH prompted the follicle to release the egg cell and turn into the corpus luteum.

Task: From the information above, develop a hypothesis on the levels of FSH and LH throughout the menstrual cycle. Since it is only a hypothesis, use pencil.

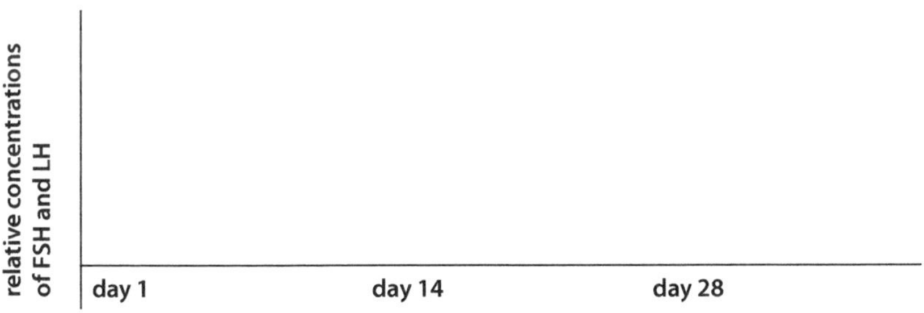

Which hormones make the cycle go round?
Estrogen and Progesterone. **WS 3a**

Goal continued: I can explain the functions of the hormones that control the female cycle – in a presentation and in a text.

Later, research showed that two more hormones play an important role: estrogen and progesterone. Both are produced by the follicle, and later, the corpus luteum: the more fully the follicle is developed, the more estrogen it releases. When it is fully mature, it causes a boost in estrogen concentration. The corpus luteum produces estrogen and progesterone as long as it is intact.

Estrogen: Rising levels of estrogen cause production of FSH in the brain. When estrogen concentrations reach a certain level, it causes production of FSH and LH. High concentrations are also needed for the lining of the uterus to build up.

Progesterone: Progesterone inhibits production of FSH and LH in the brain, even if estrogen is present. Progesterone keeps the uterus lining thick and causes it to store nutrients.

Task:

Fill in worksheet 3b! To do so work through the following tasks:

1. Which events occur in the ovary and the uterus during a menstrual cycle? **Write** these events into the boxes of row 4 (ovary) and 6 (uterus) – do not mention any hormones yet. There is one example in row 6.
2. How do hormones influence these events? **Draw arrows** from the hormone concentrations in rows 1 (pituitary gland) and 3 (ovary) to the events they trigger in the target organs (rows 4 and 6), as well as the effect the target organs have on the hormone concentrations. **Label** these arrows with verbs like causes, triggers, prompts, leads to, produces, inhibits. Use rows 2 and 5 for those verbs. Also, **put** these events **into the right order** by writing down numbers in front of the verbs. There is one complete example on the sheet ("A low concentration of estrogen in the ovary causes menstruation in the uterus"). The next two arrows are also provided. Fill in box 3 and then finish the rest of the worksheet by yourself.
3. Pair up with your neighbour and explain your diagram to him or her.
4. Use worksheet 3b to write a text on how hormones control the menstrual cycle.

Abbreviations you can use:	estrogen: estn	progesterone: prtn
	corpus luteum: ct	follicle: flcl

Which hormones make the cycle go round? Labels. **WS 3c**

Labels for rows 4 (ovary) and 6 (uterus) on WS 3b (cp. question 1 on Worksheet 3a):

flcl develops	flcl reaches maturation	ovulation	ct develops	ct breaks down
menstruation	build up of lining	storing of nutrients		

Labels for rows 1 and 3 (cp. question 2 on Worksheet 3a):

low estn	rising estn	boost in estn	rising estn & prtn	drop in estn & prtn
rising FSH	rising LH	boost in LH		

Mithilfe der Arbeitsblätter haben die Schülerinnen und Schüler selbstständig einen Überblick über die Ursache und Wirkungszusammenhänge konstruiert und dieses Konstrukt mit dem Nachbarn und der Klasse geteilt. Abschließend sollen sie ihre Fähigkeit schulen, qualitativ hochwertige Texte zum Thema zu verfassen.

Wrapping it up: putting cause and effect into writing

Schreibkompetenzen werden gestärkt

Das ausgefüllte und überprüfte Arbeitsblatt 3b dient nun als Vorlage, um einen Text zu schreiben – hierbei sollte den Schülerinnen und Schülern deutlich gemacht werden, dass diese Kommunikationskompetenz in den Bildungsstandards gefordert ist und nicht nur Teil des bilingualen Unterrichts ist.

Die Auswertung dieser Aufgabe sollte wieder auf eine Weise geschehen, die möglichst viele Schülerinnen und Schüler möglichst intensiv kognitiv involviert. Die aus der Englischdidaktik stammende Methode des *peer review* ist dafür besonders geeignet. Anhand einer vorgegebenen Checkliste können die Schülerinnen und Schüler den Text eines Partners analysieren und anschließend die Hinweise für ihren eigenen Text verwenden, um eine zweite Version zu erstellen. Im Idealfall könnte so eine zweite Version auf dem Computer mitgeschrieben und per Beamer mit der ganzen Klasse be-

Kopiervorlage

Which hormones make the cycle go round?
An overview of hormonal control. **WS 3b**

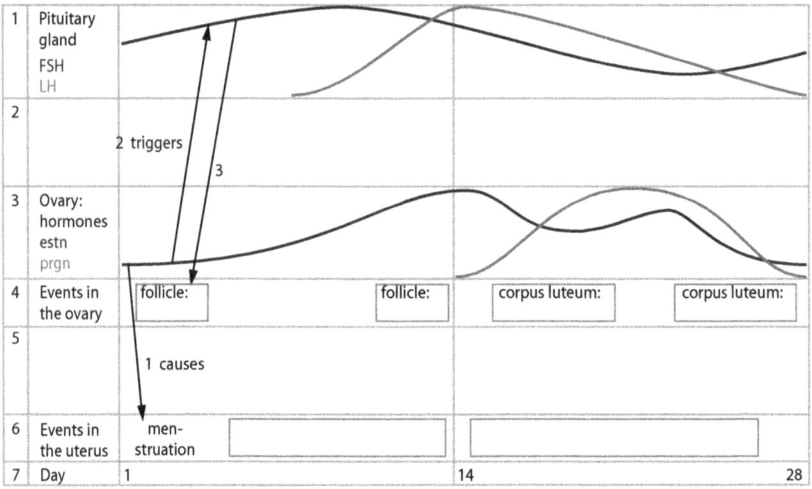

Kopiervorlage

Answer Key **WS 3b**

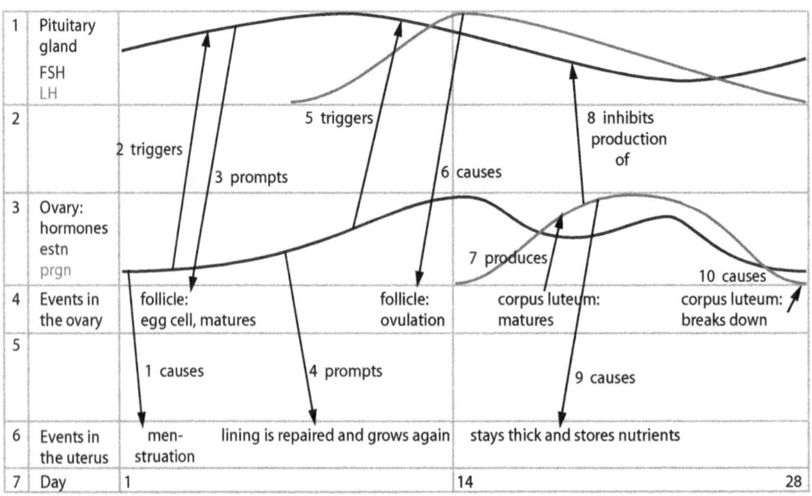

© 2013 Cornelsen Schulverlage GmbH, Berlin.
Alle Rechte vorbehalten.

Webcode: BU039142-028
Webcode: BU039142-029

sprochen werden. Diese Version kann dann entweder allen per E-Mail oder auf einer Plattform zugänglich gemacht werden.

Zum Abschluss muss noch die am Anfang aufgestellte Kurzdefinition von Hormonen erweitert werden. Im Gespräch mit der Klasse könnte eine abschließende Definition dann so lauten: *Hormones are molecules that are produced in glands or tissues of animals. They travel through the blood until they reach cells that have receptors for a specific hormone. There the hormone binds and causes a specific response in that organ.* (abgewandelt nach KLEIN 2008).

Fazit

Bilinguale Biologie lohnt sich

In diesem Artikel habe ich einige Prinzipien und Werkzeuge vorgestellt, wie bilingualer Biologieunterricht gelingen kann, selbst wenn es sich um so ein abstraktes und komplexes Thema handelt wie die hormonelle Steuerung des Zyklus. Denjenigen, die gerade erst mit dem Gedanken spielen, Biologie bilingual zu unterrichten, möchte ich mit diesen Hinweisen Mut machen, sich auf das Wagnis einzulassen – es lohnt sich und es gibt viel zu entdecken. Denjenigen, die schon viele Erfahrungen gesammelt haben, wünsche ich, dass der ein oder andere Aspekt sie inspiriert, den eigenen Unterricht noch weiter zu verfeinern. Biologie ist die Wissenschaft vom Lebenden – ich wünsche uns allen, dass sich das in unserem Unterricht widerspiegelt, *really*!

10 Physik – der Exot unter den bilingualen Fächern

Jan Mandler

Warum bilingualer Physikunterricht sinnvoll ist

Physik – der bilinguale Exot

Physik zählt zu den exotischeren unter den bilingual unterrichteten Fächern. Geographie, Geschichte, Politik finden sich bei vielen Schulen mit bilingualen Angeboten. Schaut man jedoch auf die Naturwissenschaften, scheint jenseits der häufiger vertretenen Biologie eine wahre „Bili-Wüste" zu herrschen. An einer mangelnden Eignung des Faches für den bilingualen Unterricht kann es nicht liegen. Denn vieles spricht für bilingualen Physikunterricht:

▶ Englisch ist die *Lingua franca* der Naturwissenschaften

Wer ein natur- oder ingenieurwissenschaftliches Studium aufnehmen möchte, wird heute das Englische als Sprache der Fachliteratur, aber auch als Vorlesungs- und Seminarsprache an vielen deutschen Universitäten, nicht mehr vermeiden können. Naturwissenschaftlicher Unterricht sollte die Schülerinnen und Schüler auf diese Realität vorbereiten: Auch in einem deutschsprachigen Physik-Leistungskurs sollte die Lektüre einfacher englischsprachiger Fachartikel eigentlich Pflicht sein; und eine Schule, die ihren bilingualen Zweig nur in den Gesellschaftswissenschaften kultiviert, vernachlässigt einen wichtigen Teil bilingualen Lernens.

▶ Naturwissenschaftliche Texte sind anders

Der spezifische Sprachduktus der Naturwissenschaften kommt im normalen Englischunterricht zu kurz – oder erst gar nicht vor. Nicht-fiktionale Texte im Englischunterricht widmen sich, vor allem in der Oberstufe, meist historischen oder politischen Zusammenhängen. Egal ob Nordirland-Konflikt, amerikanische Bürgerrechtsbewegung, die *Stolen Generation* der australischen Aborigines oder der Streit um die Ölsandförderung in Kanada: Als Englischlehrer bewegt man sich oft weit ins Terrain von Geschichte und Politik, um die landeskundlich-interkulturellen Anforderungen des Lehrplans zu erfüllen. Exkurse in naturwissenschaftlich-technische Themen sind selten. Das liegt nicht nur an den Lehrplänen, sondern auch an den Lehrern: Die Zahl der Englischlehrer dürfte sehr überschaubar sein, die die Energiegewinnung in Offshore-Windparks mit Freude diskutieren, dabei souverän über Grund- und Spitzenlast parlieren und zum Abschluss ihren Schülerinnen und Schülern die Vorteile der Gleichstrom-Hochspannungsübertragungstechnik erläutern.

Kurzum: Der klassische Englischunterricht ist so stark historisch-politisch geprägt, dass es manchmal schwerfällt, bilingualen Geschichtsunterricht zu unterscheiden von einer historisch-interkulturellen Unterrichtseinheit im Englischunterricht. Naturwissenschaftliche Sprache kommt dabei zu kurz: Viele Oberstufenschüler können Shakespeare interpretieren, aber den Ausdruck $s(t) = \frac{a}{2} \cdot t^2$ nicht einmal auf Englisch vorlesen. Dieses Ungleichgewicht kann der bilinguale Physikunterricht in idealer Weise kompensieren.

▶ Physik ist sprachlich einfach

Die fremdsprachlichen Anforderungen im bilingualen Physikunterricht sind, etwa im Vergleich zu den Gesellschaftswissenschaften, relativ gering: Die sprachlichen Äußerungen erfolgen in der Regel im Präsens; indirekte Rede (vgl. Geschichte: *Churchill stated that ...*) oder Ausdrücke von Erwartungen Dritter (*They expected the unemployment rate to rise ...*) sind selten. Das Vokabular ist relativ überschaubar: In einer Unterrichtseinheit zur Mechanik dreht sich alles um Kräfte. Sind die zehn zentralen Fachbegriffe (*force, mass, weight, height ...*) eingeführt, können sich die Schülerinnen und Schüler sicher äußern – sofern man ein elementares *Scaffolding* (also einen sprachlichen Gerüstbau, siehe Abschnitt „Wie beeinflusst die Fachdidaktik der Physik die bilinguale Didaktik?" S. 108) nicht vergessen hat. Dabei müssen die Schülerinnen und Schüler – in ihren freien, nicht textgestützten Äußerungen – vor allem Beobachtungen und Experimente beschreiben (*The speed of the car increases ...*) und Hypothesen aufstellen (*This indicates that the current in all light bulbs is the same. If not, each would have a different brightness.*). Sobald Schüler mit den *if-clauses* umgehen können, sind sie fit für den bilingualen Physikunterricht.

Die Sprache ist einfach

▶ Englische Physikbücher sind verständlicher

Setzt man im bilingualen Physikunterricht Auszüge aus englischsprachigen Lehrbüchern ein, so fällt den Schülerinnen und Schülern schnell die andersartige Fachbuchsprache auf: An die Stelle der in vielen deutschen Fachbüchern – leider – üblichen Passiv- und Schachtelsatz-Kultur tritt ein Sprachduktus, der auf Verständlichkeit orientiert ist, den Leser aktiv an die Hand nimmt und anhand plastischer Beispiele durch den Text führt. Der folgende Vergleich soll dies illustrieren. Abbildung 1 (s. S. 104) zeigt einen Text aus einem Lehrwerk für die Einführungsphase der Oberstufe, Abbildung 2 entstammt einem amerikanischen Physikbuch für College-Studenten. Beide erklären das Gleiche für etwa die gleiche Zielgruppe.

Die Kraft zum Anheben eines Körpers, auf den die Gewichtskraft *G* wirkt, um die Höhe *h* kann durch den Einsatz von Rollen und Flaschenzügen verringert werden. Dies wird aber dadurch erkauft, dass der *Weg s*, in dessen Richtung die Kraft am Seil beim Anheben wirkt, im gleichen Verhältnis wächst, wie die *Kraft F* abnimmt

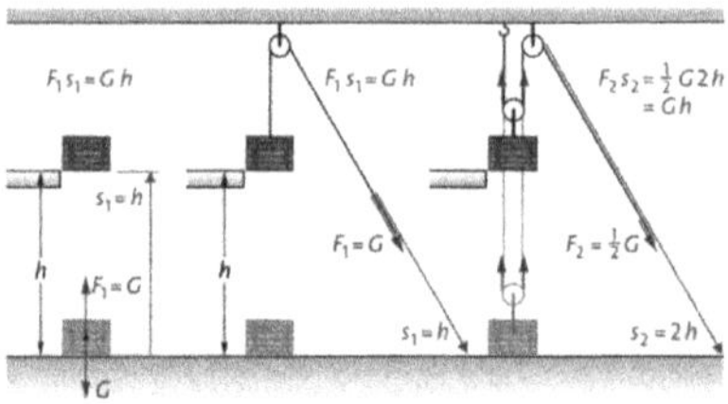

60.1 Beim Anheben eines Körpers um die Höhe *h* ist das Produkt aus der wirkenden Kraft *F* und dem zurückgelegten Weg *s* konstant.

Abb. 1: Metzler Physik – ein traditionelles deutsches Oberstufen-Lehrwerk (J. Grehn, J. Krause (Hg.): Metzler Physik, Bildungshaus Schulbuchverlage, 2007, 60)

FIGURE 7.12 Applied force × applied distance = output force × output distance.

The point of support on which a lever rotates is called a *fulcrum*. When the fulcrum of a lever is relatively close to the load, then a small input force will produce a large output force. This is because the input force is exerted through a large distance and the load is moved over a correspondingly short distance. So a lever can be a force multiplier. But no machine can multiply work or multiply energy. That's a conservation of energy no-no!

The principle of the lever was understood by Archimedes, a famous Greek scientist in the third century BC. He said that he could move the whole world if he had a long-enough lever and a place to put the fulcrum.

Today a child can use the principle of the lever to jack up the front end of an automobile. By exerting a small force through a large distance, she can provide a large force that acts through a small distance. Consider the ideal example illustrated in Figure 7.12. Every time she pushes the jack handle down 25 centimeters, the car rises only a hundredth as far but with 100 times the force.

Abb. 2: Conceptual Physics (P. Hewitt: Conceptual Physics, Addison Wesley, 2002, 112)

Die Unterschiede sind offensichtlich: Schachtelsätze, Passivkonstruktionen und sehr kompakte, aber abstrakt-generalisierende Beschreibungen („Rollen und Flaschenzüge") auf der einen Seite. Anschauliche Beispiele, Kopf-Zwischenrechnungen ohne Einheiten (50 x 25 = 5 000 x 0,25), ein historischer Exkurs und umgangssprachliche Formulierungen („*That's a conservation of energy no-no!*") auf der anderen.

Die zweite Sprache präzisiert

Die englische Sprache kann bei der präzisen Begriffsbildung im Physikunterricht eine Stütze sein. Nehmen wir das Beispiel Strom: Schüler verstehen darunter vieles – aber meist nicht das, was der Physiklehrer mit Strom meint. MUCKENFUSS (1997, 31) stellt fest: „Der Begriff ‚Strom' wird außerhalb des Physikunterrichts überwiegend nicht zur Beschreibung der zirkularen Ladungsträgerbewegung verwendet."

Englisch als Hilfe bei der präzisen Begriffsbildung

Im deutschen Physikunterricht ist *der Strom* genau das – die Bewegung von Elektronen oder Ladungen im geschlossenen Stromkreis. In der Alltagssprache wird „der Strom" jedoch verbraucht und strömt von A nach B. Gemeint ist also Energie oder Energiestrom, d.h. übertragene Energie pro Zeiteinheit. Auf die didaktischen Feinheiten dieser Unterscheidung möchte ich an dieser Stelle nicht eingehen (siehe dazu HERMANN 2002, 47). Entscheidend ist: Die vielseitige Verwendung des Begriffes „Strom" im Deutschen ist eine Herausforderung für den Physikunterricht. Das Englische stellt genau dort, wo man im deutschen Physikunterricht mühevoll und mit zwei didaktischen Kunstbegriffen differenzieren muss (Energiestrom und Elektronenstrom), zwei bereits differenzierte Fachbegriffe zur Verfügung: *current* und *power*. Bei der Stromübertragung im Sinne von Energie spricht man im Englischen von *power transmission*, beim Kreisstrom der Ladungsträger von *current in a circuit*. Diese Unterscheidung in der Sprache sorgt natürlich nicht automatisch für ein präziseres Verständnis bei den Schülerinnen und Schülern – aber sie erleichtert den Weg dorthin.

▶ Physik ist kein Laberfach
Physik gilt nicht als „Laberfach", sondern als anspruchsvolles, schwieriges, vielen Schülerinnen und Schülern unzugängliches Schulfach. Dieses Fach in der englischen Sprache zu bewältigen und festzustellen, dass die eigene Sprachkompetenz dafür genügt, ist ein Erfolgserlebnis für sie. Diesen Aspekt – es war gar nicht so schwierig wie gedacht – nennen Schülerinnen und Schüler am Ende eines Bili-Physik-Kurses immer wieder.

▶ Interkulturelle Dimension? Nein.
Befürworter bilingualen Unterrichts betonen stets die interkulturelle Dimension des zweisprachigen Lernens – etwa bei der Erarbeitung des Zweiten Weltkriegs (Geschichte) oder bei der Beurteilung der Gentechnik (Biologie). Sicherlich ließe sich hier auch ein passendes Beispiel für die Physik finden. Der Ehrlichkeit halber sollte man deutlich sagen: Mechanik, Elektrizitätslehre und Co sind weitgehend apolitisch und international gleich. Dem bilingualen Physikunterricht tut man keinen Gefallen, wenn man ihn mit einer vermeintlichen interkulturellen Dimension motiviert.

Bilingualer Physikunterricht hat keine interkulturelle Dimension

Hindernisse für den bilingualen Physikunterricht

Trotz dieser sieben Punkte, die für den bilingualen Physikunterricht sprechen, dürfen einige Schwierigkeiten nicht verschwiegen werden:

▶ Die Lehrer fehlen
Physik und Englisch ist keine gängige Fächerkombination für Lehrer - in Bayern ist sie sogar überhaupt nicht zugelassen. Damit sind potenzielle Bili-Physik-Lehrer deutlich seltener anzutreffen als Lehrer mit den klassischen Bili-Fächern.

▶ Physik macht Angst
Viele Schülerinnen und Schüler sehen im Fach Physik ein schwieriges, sehr anspruchsvolles Fach. Dieses ohnehin viel zu schwierige Fach sollen sie dann auch noch auf Englisch verstehen, eventuell bei einem bisher unbekannten Lehrer! Um diesen - durchaus begründeten - Ängsten entgegenzutreten, sollte man die positiven Punkte 1–7 Schülern wie Eltern gründlich erläutern. Hilfreich ist es auch, wenn die Schüler den Physik-Bili-Lehrer bereits kennen.

▶ Das Englische spaltet
Bilingualer Unterricht muss allgemein dem Problem begegnen, dass ein Schüler, der „den Faden verloren hat", schwerer den Wiedereinstieg ins Unterrichtsgeschehen findet als im deutschsprachigen Unterricht. Das Fach Physik hat das gleiche Problem: Die ihm inhärente Abstraktion, das Abwägen von Hypothesen und die Interpretation von Versuchsergebnissen verzeihen kurze geistige Pausen nicht - und zwar weder bei den Schülerinnen und Schülern noch beim Lehrer. In der Kombination von bilingualem Unterricht und Physik verstärkt sich dieses Problem. Phasen der Sicherung, Wiederholung und Differenzierung sind umso wichtiger.

▶ Bilingualer Physikunterricht ist schwierig
Schon der deutschsprachige Physikunterricht stellt an den Lehrer hohe fachliche und personale Anforderungen, insbesondere in der Gesprächsführung. Leisen umreißt die Mindestanforderungen an ein Unterrichtsgespräch treffend: „Strukturiert soll es sein, kohärent, ertragreich, diskursiv und von einer wertschätzenden Atmosphäre geprägt." (Leisen 2007, 115) Aus bilingualer Sicht sind dem noch hinzuzufügen die Adjektive *sprachlich flexibel und differenziert* (um auf die individuellen sprachlichen Schwierigkeiten der Schülerinnen und Schüler einzugehen) und *bewusst redundant* (um Missverständnisse zu verhindern und die Fachsprache einzuschleifen). Damit ist klar: Das ist für den Lehrer kein leichter Unterricht.

Interaktion von Fachdidaktik und bilingualem Unterricht

Bilingualer Physikunterricht ist nicht einfach Physikunterricht auf Englisch (und, wenn die Schüler gar nichts verstehen, eben wieder auf Deutsch). Die

Besonderheiten des bilingualen Unterrichts beeinflussen physikfachdidaktische Entscheidungen, und auch die Physik stellt besondere Anforderungen an die Didaktik des Bilingualen. Beide Aspekte dieser Wechselwirkung sollen in den folgenden Abschnitten getrennt betrachtet werden.

Der bilinguale Unterricht beeinflusst die Fachdidaktik

Wie beeinflusst der bilinguale Unterricht fachdidaktische Entscheidungen?

Betrachten wir eine – zugegebenermaßen vereinfachte – typische deutschsprachige Physikstunde zum Thema „Impulserhaltung“, die in vier einfachen Schritten abläuft:

1. Per Video oder Bild präsentiert der Lehrer einen Autounfall, bei dem ein schwerer Geländewagen mit einem Kleinwagen frontal zusammengestoßen ist. In einem ersten Unterrichtsgespräch werden der Verlauf des Unfalls und die Überlebenschancen der Unfallgegner problematisiert („der Wagen gewinnt, der den anderen zurückschiebt“).
2. Eine Versuchsreihe auf der Luftkissenfahrbahn simuliert den Unfall. Hierbei kollidieren Wagen unterschiedlicher Massen und Geschwindigkeiten. Das Ergebnis: Entscheidend darüber, wer „gewinnt“, ist das Produkt aus Masse und Geschwindigkeit, das die Schülerinnen und Schüler meist mit „Schwung“ oder „Schmackes“ bezeichnen.
3. In einem Lehrervortrag wird der Begriff des Impulses ($p = m \cdot v$) eingeführt, auf den umgangssprachlichen „Schwung“ bezogen und in Bezug gesetzt zum Unfall und der Versuchsreihe.
4. Die Schülerinnen und Schüler wenden den Impulsbegriff sprachlich und rechnerisch in einer Stellungnahme zum Unfall (z. B. durch einen Sachverständigenbericht o. Ä.) an.

Das ist keine besonders aufwändige oder geniale Physikstunde, aber sie funktioniert. Im bilingualen Unterricht wäre dies nicht der Fall, und zwar aus drei Gründen:

Analyse einer Beispiel-Stunde

a) Den Schülerinnen und Schülern fehlt das situationsspezifische Vokabular, um in Phase 1 genauer über den Unfall zu sprechen (Knautschzone, Aufprallgeschwindigkeit, Verformung, Gegenverkehr ...).
b) Eine hinführende Begriffsbildung am Ende von Phase 2 („Macht mal Vorschläge, wie man diese Größe $m \cdot v$ nennen könnte“) ist schwierig, da der Begriff *momentum* sowohl als fachsprachlicher Impuls als auch als umgangssprachlicher Schwung in der Regel unbekannt ist.
c) Die Phasen 1 bis 3 sind vom rein mündlichen Unterrichtsgespräch dominiert, hier fehlt im bilingualen Unterricht stützendes Material.

Problem a) lässt sich relativ leicht beheben, indem man den Schülerinnen und Schülern anstelle eines Bildes umfangreicheres Material an die Hand gibt, das sprachliche Mittel bereitstellt – etwa einen Zeitungsartikel. Die Probleme b) und c) sind grundsätzlicher Natur: Eine hinführende, auf Versuchen und Beobachtungen basierende fachdidaktische Begriffsbildung, die im Laufe eines Unterrichtsgesprächs und unter Bezug zur Alltagssprache entsteht, ist schwierig. Entweder verfügen die Schülerinnen und Schüler nicht über die notwendige englische Alltagssprache (dann scheitert jeder Versuch der „Hinführung" zwangsläufig), oder der Lehrer führt den neuen Begriff zu Beginn der Gesprächsphase ein. Dann haben die Schülerinnen und Schüler zwar die sprachlichen Mittel zur Hand, aber der Sinn ihres Gesprächs ist nicht mehr gegeben – schließlich geht es nicht mehr darum, einen neuen, treffenden Begriff zu finden.

Um dies an obigem Unterrichtsbeispiel zu illustrieren: Lässt man die Schülerinnen und Schüler raten, wie man den Begriff $m \cdot v$ sinnvollerweise bezeichnen könnte, wird man Schweigen ernten – denn *momentum* ist weder als „Schwung" noch als „Impuls" bekannt. Führt man aber den Begriff *momentum* zu Beginn der Gesprächsphase als „Schwung" ein, ist die Frage danach, wie man die Größe $m \cdot v$ nun nennen könnte, so banal, dass sie sich für ein sinnhaftes Unterrichtsgespräch verbietet. Aus dieser Problematik ergeben sich folgende fachdidaktische Konsequenzen für den bilingualen Physikunterricht:

Konsequenzen für den Physikunterricht

- Das **Experiment mit anschließender Deutung** im Unterrichtsgespräch verliert seinen zentralen Stellenwert.
- An seine Stelle treten vermehrt **Kontexte** wie der Autounfall, die mit umfangreichem sprachlichen Material begleitet werden und das Situationsvokabular bereitstellen.
- An die Stelle der hinführenden fachlichen Begriffsbildung tritt vermehrt die **erklärende Einführung** eines Fachbegriffs und der damit zusammenhängenden Gesetzmäßigkeiten durch englischsprachiges Schulbuch-Material.
- Der Einsatz von Kontexten und die erklärende Einführung physikalischer Gesetzmäßigkeiten durch Texte bedingen einen höheren Grad an inhaltlicher **Transparenz** schon zu Beginn des Unterrichts – zu Lasten eines forschend-entdeckenden Lernprozesses der Schülerinnen und Schüler.

Wie beeinflusst die Fachdidaktik der Physik die bilinguale Didaktik?

Wie bilingualer Unterricht in anderen Sachfächern benötigt auch der bilinguale Physikunterricht eine stärkere Stützung von Schülerarbeitsphasen durch **Texte**, einen stärkeren Einsatz von **Sicherungsphasen**, die häufigere **Visualisierung** von Ergebnissen sowie – last but not least – ein gezieltes fremdsprachliches *Scaffolding*, also einen sprachlichen Gerüstbau, der parallel zum physikalischen Unterrichts-Inhalt den Schülerinnen und Schülern die sprachlichen Mittel an die Hand gibt, die sie in der jeweiligen Unterrichtssituation benötigen.

Die drei zuerst genannten Punkte – Texte, Sicherung und Visualisierung – sind grundsätzlicher Natur und sollen hier nicht weiter erläutert werden. Was aber kennzeichnet das *Scaffolding* im bilingualen Physikunterricht? Wie unterscheidet es sich vom *Scaffolding* in anderen bilingualen Fächern?

Drei Formen des Scaffoldings

Grundsätzlich muss man beim *Scaffolding* im bilingualen Physikunterricht scharf unterscheiden zwischen verschiedenen Arten des sprachlichen Gerüstbaus:

A) Physikalische Fachbegriffe (*mass, inertia, momentum, conductor, current, voltage, ...*)

B) Handlungs- und kompetenzorientierte sprachliche Mittel, die die Schülerinnen und Schüler in bestimmten Unterrichtsphasen einsetzen (*If I solve the equation ..., these findings support the theory that ..., the gradient of the graph, ...*)

C) Kontextorientiertes Vokabular, das nicht zum Bereich der physikalischen Fachbegriffe zählt (*crumple zone, relative speed at impact, deformation, estimated velocity of, severity of impact, ...*)

Ein *Scaffolding* zu A) ist wenig sinnvoll: Was bringt es dem Schüler, wenn er weiß, dass *voltage* dem deutschen *Spannung* entspricht, er sich aber weder unter *voltage* noch unter *Spannung* etwas vorstellen kann? Dies zu erreichen, ist zentrale Aufgabe der physikalischen Begriffsbildung, nicht des *Scaffoldings*. Idealerweise besteht das *Scaffolding* im bilingualen Physikunterricht also aus den Bereichen B) und C). Letzteres kann meist mit Texten und Materialien *en passant* eingeführt werden. Bei komplexeren Zusammenhängen oder spezielleren Themen (z. B. den Steuerelementen eines Flugzeugs wie *aileron, rudder, elevator*) kann man das *Scaffolding* auch vorbereitend und materialgestützt vornehmen (mit allen dazu bekannten Methoden: Mindmaps, Umschreibungen, Beschriftungen in Bildern etc.). Das *Scaffolding* zu Bereich B) bietet sich meist direkt in der Vorbereitung auf die entsprechende Arbeitsphase an. Wenn die Schülerinnen und Schüler eine rechnerische Lösung präsentieren sollen, ist es also sinnvoll, ihnen das dazu benötigte mathematische Vokabular in der Phase der eigenständigen Vorbereitung an die Hand zu geben. Im folgenden Abschnitt wird dieses differenzierte *Scaffolding* am vorangegangenen Beispiel der Stunde zur Impulserhaltung erläutert.

Scaffolding am Beispiel einer Physikstunde

Welche Arten von *Scaffolding* sind in der in oben beschriebenen Physikstunde sinnvoll, welche nicht?

Nicht sinnvoll: Scaffolding Typ A (Fachvokabular)	Sinnvoll: Scaffolding Typ B	Sinnvoll: Scaffolding Typ C
momentum impulse time interval of acceleration conservation of momentum net momentum change of momentum	*Expressions to describe what you are doing:* to draft an experiment to increase to decrease to estimate to structure results to find an equilibrium to set up an equation to compare the findings of experiment A with B to support a hypothesis	*What you need in order to talk about the car accident:* impact a head-on collision a rear-end collision (also: to rear-end sb.) whiplash crumple zone seat belt load limiters bumpers relative speed

Scaffolding im Unterrichtsbeispiel

Obwohl *Scaffolding* des Typs A prinzipiell nicht sinnvoll ist, kann eine Wiederholung von relevantem physikalischem Fachvokabular durchaus zweckreich sein. Hier wären das vor allem wenige Begriffe wie *mass, velocity* oder *inertia*. In der Regel tauchen diese Begriffe jedoch in einem ersten spekulativen Unterrichtsgespräch schon auf. Dann bietet es sich – anders als im deutschsprachigen Unterricht – an, diese Begriffe beiläufig an der Tafel festzuhalten und sie so allen Schülerinnen und Schülern präsent zu machen.

Unterrichtsbeispiele

Im vorherigen Abschnitt habe ich erläutert, dass im bilingualen Physikunterricht vermehrt Kontexte und (Text-)Material den klassischen Dreiklang aus Versuch, Analyse im Unterrichtsgespräch und Sicherung ersetzen. Die folgenden Beispiele sollen zeigen, wie man mit gut vorbereiteten Materialien fachliche Lernprozesse initiieren und gleichzeitig gezieltes *Scaffolding* betreiben kann.

Damit kein falscher Eindruck entsteht: Natürlich besteht der bilinguale Physikunterricht nicht nur aus „Papier-Physik", in der die Schülerinnen und Schüler Arbeitsblätter bearbeiten. Auch im bilingualen Unterricht ist Raum für Schülerexperimente, Freihandversuche, Lehrerexperimente und produktive Unterrichtsgespräche. Die Beispiele sollen allerdings zeigen, in welche Richtung man sich als bilingual unterrichtender Physiklehrer bewegen muss, um die fremdsprachliche Herausforderung zu berücksichtigen.

Unterrichtsbeispiele aus verschiedenen Jahrgangsstufen

Beispiel 1: Elektrizitätslehre Klasse 8

Dieses (hier gekürzt dargestellte) Arbeitsblatt (s. S. 112) dient der textgestützten Auswertung eines Schülerversuchs, der die Zusammenhänge von Stromstärke, Spannung und Leistung in verschiedenen Schaltungen untersucht. Im deutschsprachigen Unterricht würde man auf derart stützendes Textmaterial eher verzichten und methodisch eine mündliche, gestufte Auswertung in Partnerarbeit, Gruppenarbeit und dann im Unterrichtsgespräch wählen.

Beispiel 2: Elektrizitätslehre Klasse 8

Dieses Arbeitsblatt (s. S. 113) verdeutlicht die Präzisierungsmöglichkeiten, die sich durch die Kontrastierung von englischer und deutscher Fachsprache ergeben (siehe Abschnitt: „Die zweite Sprache präzisiert", S. 104).

Beispiel 3: Mechanik Klasse 11

Das Arbeitsblatt auf S. 114 dient zum Einstieg in das Thema Kreisbewegung und Zentripetalkraft. Ich habe es ausgewählt, da es typisch ist für den bilingualen Physikunterricht: Weg vom Einstiegs-Experiment mit anschließender Diskussion im Unterrichtsgespräch, hin zu textgestützter Vorbereitung der Schülerinnen und Schüler, die dann erst deutlich später in ein – sprachlich und inhaltlich gestütztes – Unterrichtsgespräch mündet. Für einen Versuch ist trotzdem Platz: nicht zu Beginn des Themas Kreisbewegungen, sondern nach der Erarbeitung dieses Arbeitsblattes. Dann können die Schülerinnen und Schüler mit einem klassischen Rotor-Experiment die zuvor erarbeiteten Zusammenhänge von Kurvenradius, Bahngeschwindigkeit, Masse und Zentripetalkraft experimentell überprüfen.

Worksheet: From an observation to an explanation of our experiment
How do we get from a first observation in an experiment to a useful explanation? This gap text shows you how. However, it is up to you to find the right solutions …

Two light bulbs in an electric circuit

We have added a second light bulb to an electric circuit that already had one light bulb. We placed this second light bulb either in front of or behind the first one. Our observation was: both lamps have ______________ brightness[1] (approximately[2]). This is not a big surprise for us, because the same ______________ has to go through both light bulbs.
Besides, the use of a second light bulb – with constant generator rotation speed – had as a result that both light bulbs were shining _____________ brightly than a single bulb in the same circuit. At the same time, turning the generator had become _____________ than before. Both observations lead to only one conclusion: with two light bulbs and at the same speed of generator rotation, there is ______________ than with one light bulb.
Why is this the case[3]? We already know: the bigger the ___________________ that the current has to pass, the ______________________ is the current. In this way, electrical devices[4] (with different _________________ inside) control the current flowing through them and through this also their ___________________ intake. If the use of two bulbs in a series connection in one circuit causes less _________________________, then the reason for this has to be that two light bulbs cause twice the _________________as one. There is less ___________________ flowing and therefore also less power, so the two bulbs shine less brightly.

1 describes how bright sth. is (Helligkeit)
2 about (ungefähr)
3 a fact we can observe (to be the case – der Fall sein)
4 small machines are called devices (Gerät)

Worksheet: What does the German word "Strom" stand for?

In German, people use the word "Strom" for different ideas of electricity. Sometimes, they mean power, sometimes they mean energy, and sometimes current.

1. Check the following sentences. Whenever you find the word "Strom", decide between power, energy and current as the best translation. Express the main ideas in these statements in English.
   - Strom trägt ca. 10 % zum Energieverbrauch für Wärmezwecke bei.
   - Tag und Nacht kaufen wir elektrischen Strom. Aber Strom ist keine Ware, die man lagern kann. Er muss in jeder Sekunde in der Menge erzeugt und verteilt werden, wie er verbraucht wird.
   - Strom steht immer für Sie bereit, in der Menge, in der Sie ihn brauchen.
   - Mit günstigeren Preisen werben Stromerzeuger dafür, Strom in Nachtspeicheröfen zu verheizen.
   - Windenergieanlagen, die in der Regel bis zu 250 Kilowatt Strom erzeugen ...
   - Der Strombedarf für Glühlampen beträgt etwa 30 Watt pro qm Wohnung.
   - Wenn man die Lüftung zustellt, dann verbraucht der Kühlschrank gleich 15 % mehr Strom.
   - Das neue Kraftwerk sorgt dafür, dass immer genug Strom in die Haushalte fließt.

2. In German physics classes, we use three different, more precise words for "Strom" to mark the difference: *Energiestrom, Elektronenstrom, Energie.* Decide on the best translation:

   energy =   power =   current =

The Cuddle Curve

It has been a while since Harry and Angela's last adventure. In the course of the last few weeks, Harry and Angela's relationship has been in a steady decline. One morning ...

... when Harry wakes up, he feels quite uncomfortable. His headache seems to be the result of the large quantity of beer he consumed the evening before. A quick look at his empty bed helps to ascertain the facts: Angela has left him. After several futile attempts to call Angela's mobile, Harry jumps into his car and rapidly heads off towards his (ex?) girlfriend's appartment. When crossing a nearby forest, Harry is plagued by romantic memories. "Every time we drove round this bend, I could feel Angela being pressed against me, holding her in my arms ..." Those not so distant memories subconsciously cause Harry to increase the speed of his car. A few hundred metres ahead, he can already see his favourite "cuddle curve".

In spite of all latest trimmings on Harry's car (lowered chassis, spoiler, extra-wide rims, rally belts and a high-tech exhaust system), the vehicle is not able to stay on the road. One reason for this could be Harry's aggressive style of driving, another one little lapses in the driver's attention. After all, Harry's mind is obviously elsewhere ...

Whatever the cause may be: Harry's car is abruptly lifted out of the bend. A few seconds later, Harry finds himself sitting with his car in a new forest plantation. After quickly recovering from the shock (he is not one of the fainthearted), Harry looks back at the path that his car has mowed into the plantation.

Adaptiert nach einem deutschen Arbeitsblatt von Andreas Schich, Albertus-Magnus-Schule Viernheim

Use your everyday knowledge to discuss these questions:

1. Is the "cuddle curve" a right-hand or left-hand bend?
2. What does a birds-eye view of the path that Harry's car has taken look like? Also include the area beyond the paved road.
   Would it – theoretically – have been better for Harry to use the other side of the road?
3. What could a) Harry and b) the road commission have done to prevent the accident?
4. Would Harry's car have been lifted out of the bend if he had had passengers? (assuming the same speed and way of driving)
5. Discuss the influence of the road surface.

Chemie als bilinguales Schulfach – Chancen und Ziele

11

Meike Klingauf

Auch wenn moderne Lehrpläne sich um Praxis- und Alltagsbezug bemühen, gilt Chemie doch aufgrund komplexer Theorie und Formelsprache als schwierig. Und dann auf Englisch? Mit diesem Beitrag soll gezeigt werden, dass auch in diesem für bilingualen Unterricht ungewöhnlichen Sachfach englischsprachiger Unterricht möglich ist und die durch Fachcurricula vorgegebenen Lernziele erreicht werden können. Auch wenn anstelle des Bunsenbrenners der *Bunsen burner* benutzt wird, kann erreicht werden, dass die Schülerinnen und Schüler dieser Wissenschaft zugewandt gegenübertreten, ihre Eigenheiten kennenlernen und Phänomene der stofflichen Welt erklären.

Chemie: Aufbau, Eigenschaften und Umbau von Stoffen

Chemie wird wohl auch deshalb selten bilingual angeboten, weil interkulturelles Lernen und Chancen auf Perspektivwechsel nicht evident sind. Zudem bezweifelt man, dass das Spezialvokabular aus dem Chemiesaal die fremdsprachliche Kompetenz stärkt. Aber bilingualer Chemieunterricht hat Potenzial, wie der Bericht aus der Praxis zeigt.

Perspektivwechsel im bilingualen Chemieunterricht – zwei Beispiele

Die Hauptgruppe I bündelt ganz links im Periodensystem die *alkali metals*. Dort findet man neben Lithium (engl.: *lithium*, Elementsymbol Li) auch Natrium und Kalium. Die englischen Namen weichen hier mit *sodium* und *potassium* ausnahmsweise von den deutschen Namen stark ab. Dennoch gelten weltweit die Elementsymbole Na für Natrium und K für Kalium. Warum erinnern die Elementsymbole so klar an die deutschen Elementnamen?

Das Periodensystem ist international

Diese Frage stellt sich eigentlich nur aus der internationalen Perspektive. Der deutsche Elementname Natrium entwickelte sich über die Zwischenstufen *nitrum* und *natron* aus dem ägyptischen Wort *neter* für Soda (Natriumcarbonat) (Holleman/Wiberg 1995). „Kalium“ stammt ab von dem arabischen Wort *al kalja* für Pflanzenasche, hieraus stammt auch der Begriff „Alkalimetalle“ (ebd.). Pflanzen werden nämlich durch Verbrennen in Tontöpfen zu dem kaliumhaltigen Produkt *potash*, daher der englische Name *potassium*. Ein solcher Diskurs über Sprachen und Geschichte entsteht zwanglos nur im bilingualen Chemieunterricht.

Ein zweites Beispiel: Der Begründer der organischen Chemie ist Friedrich Wöhler. Wöhler erschütterte 1828 die Theorie der *vis vitalis*, der „Lebenskraft", die man zur Herstellung organischer Substanzen für unabdinglich gehalten hatte. Er schrieb in einem Brief an BERZELIUS „... denn ich kann sozusagen mein chemisches Wasser nicht halten und muß Ihnen erzählen, daß ich Harnstoff [eine organische Substanz] machen kann, ohne dazu Nieren oder überhaupt ein Thier [...] nöthig zu haben" (EISNER et al. 1999). Dass FRIEDRICH WÖHLER ein deutscher Chemiker war, fällt erst auf, wenn man über „Friedrich Wöhler and the origin of organic chemistry" sinniert.

Blick auf Deutschland aus internationaler Perspektive

Viele Entdeckungen und Erfindungen des 19. und 20. Jahrhundert stammen aus Deutschland, so auch der weltweit eingesetzte *Bunsen burner*, entwickelt 1860 von ROBERT BUNSEN. Bilingualer Chemieunterricht kann also dazu beitragen, den bis heute starken Wissenschafts- und Chemiestandort Deutschland in neuem Licht zu sehen.

Chemie bilingual birgt gute Sprachlernchancen

Atom, carbon dioxide, copper, electron, element, energy, experiment, hypothesis, indicator, magnesium, molecule, particle, reaction, substance, thermometer ... Ja, da muss man den Skeptikern recht geben: Diese Vokabeln sind für allgemeine Fremdsprachenkenntnisse oder die Ausdrucksfähigkeit im Gespräch mit Mitschülern kein Gewinn. Aber dafür kann bilingualer Chemieunterricht leicht Vertrauen in die eigene Sprach- und Sprechfähigkeit, Mut zur Sprachproduktion und Erfolg in der Kommunikation mit Gleichgesinnten vermitteln, denn die englischsprachigen naturwissenschaftlichen Fachtermini unterscheiden sich sehr oft nur in Aussprache oder Endung von dem deutschen Pendant. Beide Sprachen leiten ja Fachbegriffe aus dem lateinisch-griechischen Sprachumfeld ab. Auch selbsternannte „Englisch-Muffel" erfassen und erinnern diese Begriffe leicht und werden durch rasche Erfolge zu eigenständiger Spracharbeit ermutigt.

Schüler entwickeln Vertrauen in Sprachfähigkeiten durch „griffige" Vokabeln

Weitere Vokabeln des Chemieunterrichts: *acid, beaker, bubbles, crocodile clamp, dry ice, test tube, tripod ...* („ätzende" Säure, „Schnabler" = Becherglas, Gasblasen, Krokodilklemme, Trockeneis, „Probierrohr" = Reagenzglas, Dreifuß ...). Die englischen Bezeichnungen sind oft überraschend einleuchtend. Hierdurch wird bilingualer Chemieunterricht als lustvoll empfunden und fachliche Erfolge werden über das Vehikel „Englische Sprache" erzielt.

Bisweilen sind die naturwissenschaftlich begabten Schülerinnen und Schüler in Fremdsprachen eher zurückhaltend. Sie sind es, die man zu einem naturwissenschaftlichen Studium ermuntern sollte, da sich Fachkräften große Chancen eröffnen. Neben dem Vertrauen in das eigene Fremdsprachenvermögen sind hier tatsächlich auch gute Englischkenntnisse, und zwar auch im Fachvokabular, wichtig.

Dass Englisch die *Lingua franca* der Naturwissenschaften ist, ist nicht mehr aufzuhalten. Dies zeigt sich auch in rein englischsprachigen „International Graduate Schools", die inzwischen von vielen deutschen Universitäten in naturwissenschaftlichen Studiengängen angeboten werden. Diese für internationale Studenten ins Leben gerufenen Studiengänge haben das ausgesprochene Ziel, kompetitiv im globalen Wettbewerb um die besten Studenten aufzutreten. Studenten mit deutschem Schulabschluss bilden hier leider die Ausnahme, möglicherweise halten sie ihre Englischkenntnisse für unzureichend. Bilingualer Chemieunterricht kann hier einen Grundstein legen, aber auch Bereitschaft zur internationalen Mobilität erzeugen.

Bilingualer naturwissenschaftlicher Unterricht kann zu internationalen Studiengängen ermutigen

Zu guter Letzt noch eine weitere Vokabelreihe: *angle, to build, distance, to glue, to link, to measure, to observe, to produce, to shake, square, toothpick, to wrap ...* – Natürlich findet auch die Alltagssprache Raum im bilingualen Chemieunterricht. Wir sind schließlich in der Schule und nicht in einem hochspezialisierten Versuchslabor!

Hands on! Bilinguales Lernen gerade in Chemie

Chemieunterricht ist immer ausgerichtet auf praktische Tätigkeit. Man experimentiert, man probiert aus, entwickelt, bastelt Modelle, mörsert, löst auf, erhitzt, setzt unter Spannung etc. Chemie ist ein „Hands-on-Fach", in dem Lerngegenstände durch aktives Handeln und praktische Interaktion erfahren werden. Dies erlaubt, Sprache eng an Aktivität zu koppeln, also im englischsprachigen Umfeld zu agieren. Wie das Beispiel des Miniaturfeuerlöschers (s. S. 118) zeigt, können die Lernenden hierbei fast intuitiv vorgehen.

Obwohl ihnen nicht alle Vokabeln der Versuchsanleitung bekannt sind, können die Schülerinnen und Schüler mit den gegebenen Materialien und einer Versuchsskizze die Anleitung richtig umsetzen, und da sie sich auf den spannenden Versuch freuen und schließlich das Feuer löschen wollen, werden sie sich darum besonders bemühen. Damit wird das Sprachverständnis auf spielerische und sehr natürliche Weise gefördert. Es entstehen authentische Sprachanlässe, die bereitwillig angenommen und zwanglos umgesetzt werden. So beobachten die Jungchemiker im Gebrauch ihres *fire extinguishers: The balloon fills up and bubbles are formed in the test tube. When you release your finger, foam rushes out of the test tube and extinguishes the fire easily.* Die Schülerinnen und Schüler möchten dieses kurzweilige Experiment wiederholen: *Can we have more vinegar and liquid soap?,* und der Wunsch nach bleibenden Erinnerungen an ihre Feuerlöschversuche kommt auf: *Can we use our cell phones to take pictures?* In der

Handeln im englischen Sprachumfeld

A miniature fire extinguisher

1. Wear safety glasses!
2. Mix vinegar essence (3 ml) and liquid soap (1 ml) in a test tube with a side arm.
3. Put baking soda (4 spatulas) and water (3 ml) into the balloon and fix the balloon onto the mouth of the test tube. Hold the balloon down to stop any baking soda solution dripping into the test tube. Use a zip tie to secure the balloon tightly.
4. Make a safe fire in an empty tea candle cup using toothpicks and lighting gel.
5. Before you start your fire extinguisher, press your index finger onto the side arm of the test tube. Then hold the balloon up and let the baking soda sprinkle into the test tube. Shake vigorously!
6. Release your index finger and aim at the fire.

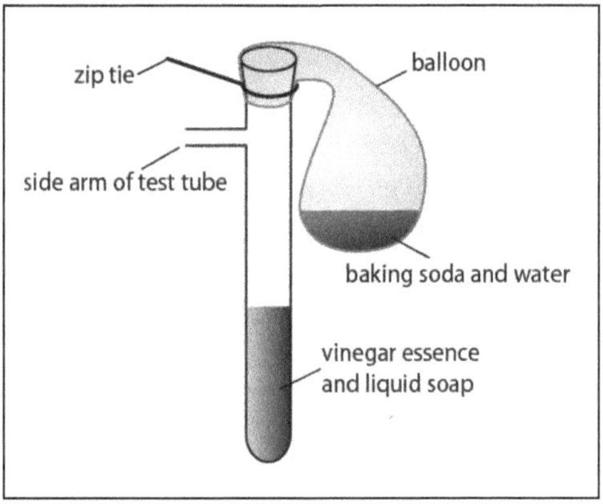

Abb. 1: fire extinguisher en miniature (Zeichnung: Sandra Stukenbröker)

Auswertung hält man fest: *Carbon dioxide is produced in the test tube and it is caught in the bubbles. The foam keeps the oxygen away from the fire and the fire is extinguished.*

Sachfachkenntnisse und Sprachfähigkeiten sind auf ähnlichem Niveau

Die englische Sprache steht hier offensichtlich dem Entdeckergeist nicht im Wege. Es gibt keine große Kluft zwischen fremdsprachlichen und kognitiven Möglichkeiten, die Schülerinnen und Schüler haben im Fachgebiet Chemie kein stärker ausgeprägtes Fachwissen als sie fremdsprachlich auszudrücken vermögen. Die sprachliche Begleitung der Experimente ist so wenig komplex, dass Durchführungen, Beobachtungen und Schlussfolgerungen mit einem grundlegenden Vokabelschatz gut gemeistert werden können.

Kompetenzorientierung

Auch für das Fach Chemie beschreiben die Bildungsstandards der Kultusministerkonferenz, welche Kompetenzen die Schülerinnen und Schüler im Unterricht erwerben sollen. So muss bereits bei der Unterrichtsplanung darauf geachtet werden, den Kompetenzbereichen „Fachwissen“, „Erkenntnisgewinn“, „Kommunikation“ und „Bewertung“ im Unterricht angemessen Raum zu geben. Bilinguales Unterrichten erfordert aber darüber hinaus in weiteren Aspekten eine besondere Herangehensweise: Auch Visualisierung, Sprachförderung, Wiederholungs- und Reflexionsmöglichkeiten müssen gezielt geplant und umgesetzt werden. Die bilinguale Unterrichtsreihe „Hands on Molecules – Molecular Geometry“ zeigt auf, wie dies im Sinne der Kompetenzbereiche versucht wurde.

Bilingualer Chemieunterricht erfordert differenzierte Planung

Skizze einer Unterrichtsreihe: Hands on Molecules – Molecular Geometry

Die skizzierte Unterrichtsreihe wurde in Klassenstufe 9 (3. Lernjahr Chemie) im bilingualen Zug eines Gymnasiums durchgeführt. Die Schülerinnen und Schüler kennen die aus zwei Elektronen bestehende Elektronenpaarbindung, die die Atome in distinkten Molekülen zusammenhält. In der Regel „spendet“ jedes von zwei miteinander verbundenen Atomen eines seiner Außenelektronen für diese Bindung.

Unterrichtsbeispiel für Klasse 9

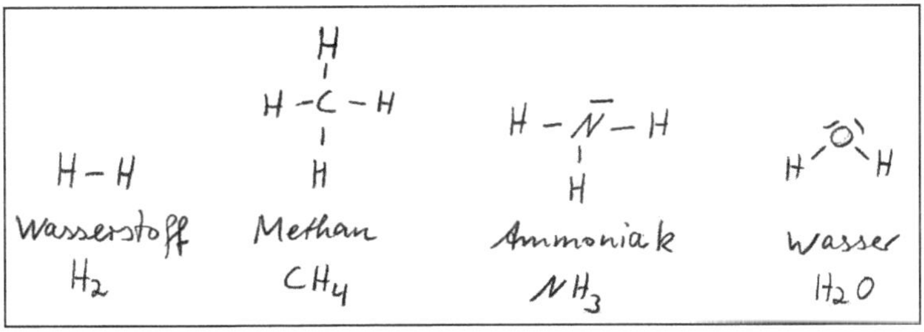

Abb. 2: Strukturformeln von Wasserstoff, Methan, Ammoniak und Wasser, bindende und einsame Elektronenpaare

Moleküle werden durch Strukturformeln dargestellt, in denen Elementsymbole die jeweiligen Atomsorten repräsentieren. Elektronenpaare werden durch Striche symbolisiert. Tragen Elektronenpaare nicht zur Bindung zwischen Atomen bei, so heißen sie „einsam“.

Zu Beginn: ein Experiment, auch für zuhause geeignet

▸ Experiment mit Plastikschnellhefter und Wasserstrahl

Reiben Sie für jeden Versuch einen Plastikschnellhefter an Ihren Haaren, sodass er sich elektrostatisch auflädt.

1. Bewegen Sie den Schnellhefter mit der einen langen Kante nach unten in der Nähe eines schwachen Wasserstrahls hoch und runter.

2. Wölben Sie den Schnellhefter (beide langen Kanten liegen waagerecht parallel nebeneinander), sodass die Rundung dem Wasserstrahl nahe kommt.
3. Halten Sie den Schnellhefter nun noch flach waagerecht.

Sie sehen, dass der Wasserstrahl viel stärker zum elektrostatisch aufgeladenen Schnellhefter hingelenkt wird, wenn dieser gewölbt ist oder gar flach waagerecht gehalten wird. Der hängende Plastikschnellhefter hat nur an der unteren Kante einen Einfluss auf den Wasserstrahl. Dieses Phänomen kann mit *molecular geometry* erklärt werden.

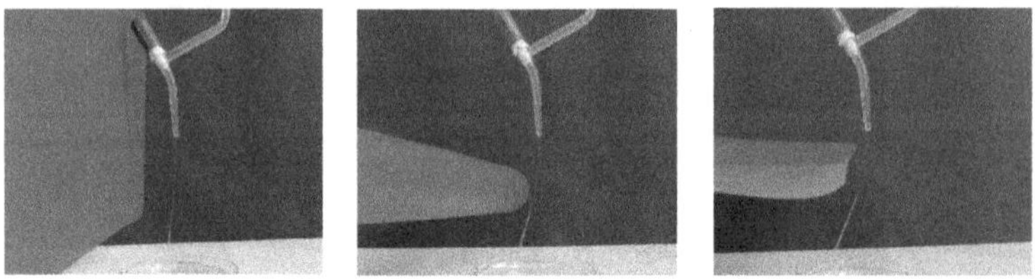

Abb. 3: Der flach gehaltene Plastikschnellhefter rechts lenkt den Wasserstrahl am stärksten ab.

Einführung in die Geometrie von Molekülen

Schüler stellen sich Moleküle oft nur zweidimensional vor

In der Moleküldarstellung durch Strukturformeln denken die Lerner meist zweidimensional auf der Papierebene. Zur Erklärung z. B. der Ablenkung des Wasserstrahls muss man Moleküle aber als dreidimensionale Partikel betrachten und ihre Geometrie, basierend auf der VSEPR-Theorie (Valence shell electron pair repulsion theory bzw. Elektronenpaarabstoßungstheorie), kennen. Die Unterrichtssequenz „Hands on Molecules", durchgeführt

Kopiervorlage

A student activity with toothpicks and modeling clay

Since the electron pairs are negatively charged, they repel each other. Therefore, the electron pair bonds in your model should have the highest possible distance from one another.

1. Build a methane molecule (CH_4) using toothpicks as electron pair bonds and balls of modeling clay as atoms.
2. Measure the angle between the electron pair bonds (called "bond angles").

in Schülergruppen- oder Partnerarbeit, berichtet hierüber. Diese Sozialformen haben sich auch im bilingualen Chemieunterricht bewährt, da hier die Schülerinnen und Schüler im gemeinschaftlichen Vorgehen und gegenseitigen Helfen Sicherheit erhalten und Verständnisschwierigkeiten überwinden. Dies ermöglicht auch weniger sprachbegabten Schülern aktive Teilnahme und Mitarbeit.

Gruppen- und Partnerarbeit als Sozialformen haben sich bewährt

In der Herstellung von Molekülmodellen aus Zahnstochern und Knetmasse (s. Kopiervorlage auf S. 120) meinen die an „Zweidimensionalität" gewöhnten Schülerinnen und Schüler schnell, das richtige Ergebnis zu haben. Sie berichten über ihr *flat molecule with right angles of 90°*. (*Kommunikation, Sprachförderung*)

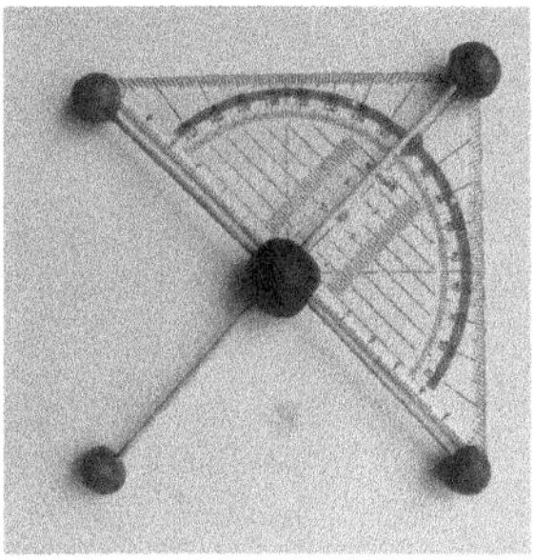

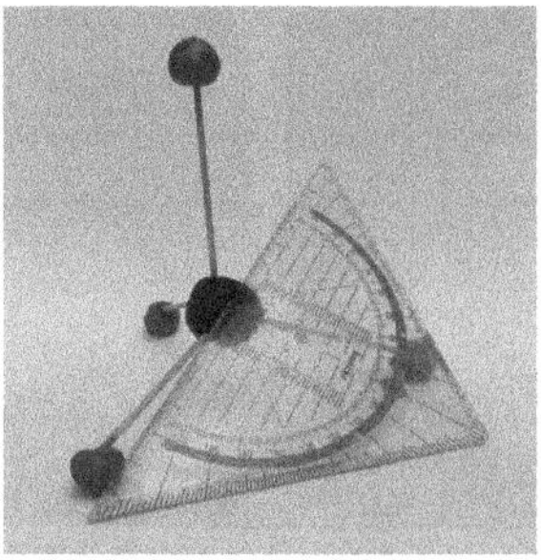

Abb. 4 und 5: „Zweidimensional" gebautes Methanmolekül und dreidimensionales Modell, Winkelmessungen

Der Hinweis, dass der halbkugelförmige Raum über und unter der Ebene, die die Bindungen in dem Modell einnehmen, in den von ihnen vorgestellten Modellen (Abb. 4) gar nicht genutzt und somit die Elektronenpaarabstoßung nicht beachtet wurde, lässt die Gruppen ihre Modelle infrage stellen (*Bewertung, Reflexionsmöglichkeit*), und die Schülerinnen und Schüler beginnen, dreidimensionale Modelle (Abb. 5) zu bauen (*Erkenntnisgewinn*): *We have now built a pyramid. The bond angles are about 110°.* (*Kommunikation, Sprachförderung*)

Verschiedene Modelle als Unterrichtsmedien unterstützen den Lernprozess

Das Modell mit der richtigen Geometrie wird nun zur weiteren Begriffsklärung benutzt (*Fachwissen*), und mit dem folgenden Auftrag wird eine weitere Lernchance inszeniert (s. Kopiervorlage auf S. 122 oben).

Die Schülerinnen und Schüler erkennen, dass *pyramid* nicht der exakte Begriff war: *The present will be a tetrahedron. Whereas the Egyptian pyramids have a square base, a tetrahedron has a triangular base. If you tip a tetrahedron over, it still looks the same* (vgl. Abbildung 7, *Kommunikation, Erkenntnisgewinn*). Man mag noch ergänzen, dass alle Bindungswinkel identisch sind und exakt 109,5° betragen (*Fachwissen*).

Kopiervorlage

A methane molecule at a birthday party
Imagine you give the methane molecule to somebody as a birthday present. Of course, you'd wrap it in wrapping paper (Geschenkpapier).

1. Conclude the three-dimensional shape your present will have.
2. Explain the difference to pyramids like those in Egypt.

Integrierte Vokabelhilfen im Arbeitsauftrag entlasten die Schüler

Alternativ oder zusätzlich wird ein Methan-Molekülmodell aus Papier gefaltet, ähnlich wie bei der japanischen Kunst des Origami. Papiervorlagen zum Bau eines einfachen Tetraeders sind leicht zu konstruieren; komplizierte Vorlagen für Polyeder finden sich bei Tiberiu Roman (1987). Interessanter ist allerdings ein Papiermodell, das auch die zentrale Lage des Kohlenstoffatoms einbezieht, in das man also hineinschauen kann (s. Abbildung 7). Die Faltanleitung ist eine gute Möglichkeit, die Lesefähigkeit zu schulen, wobei Vokabelhilfen integriert sein können (eine Alternative hierzu siehe im letzten Arbeitsauftrag). Origami-Vorlagen für diverse andere kleine Moleküle lassen sich im Internet finden. Exakt untereinander skalierte Origami-Molekülmodelle hat Robert M. Hanson sowohl in Buchform

Kopiervorlage

An origami methane molecule model
You need: scissors, a glue stick, a set square (Geodreieck) and the paper form. Try to make the folds as exact as possible.

1. Cut out the paper form with scissors.
2. Fold the paper outwards on the solid lines and inwards on the dotted lines. Use your set square to make the inward folding easier.
3. Glue the black smileys ☻ together (4 times) using your glue stick.
4. Finish your model. Apply glue to the flaps (Klebefalze), stick them inside and press the adjacent edge (anliegende Kante) against the flap (3 times).

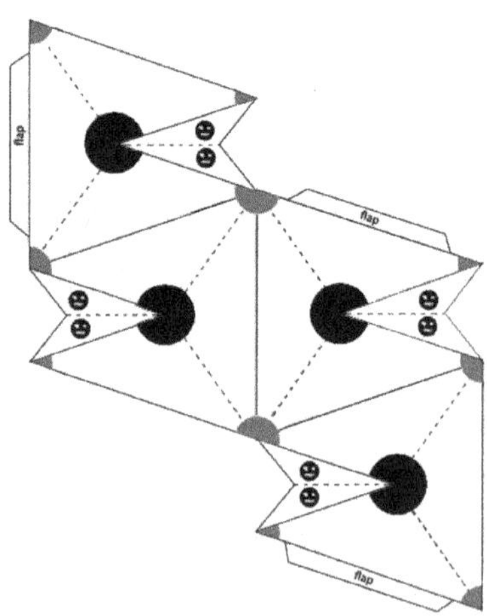

Abb. 6: Bastelvorlage Origami

Webcode: BU039142-035
Webcode: BU039142-036

(Hanson 1995) als auch auf einer web page zusammengestellt (http://www.stolaf.edu/people/hansonr/mo).

Im Verlauf der Bastelphase werden die Schülerinnen und Schüler vermutlich Fragen haben oder um Hilfe bitten. Wenn durchgehalten wird, dass in dieser Phase so viel Englisch wie möglich gesprochen wird, und dies wird unter Benutzung der Materialien leicht gelingen, dann ist ein Meilenstein der *Kommunikation* im bilingualen Chemieunterricht erreicht!

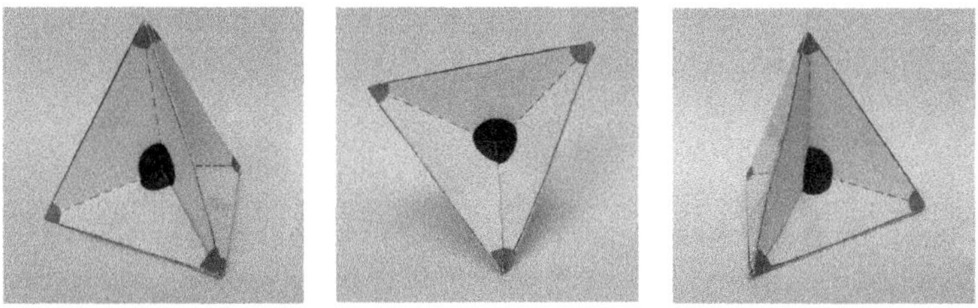

Abb. 7: Fertiges Origami-Molekülmodell, Kippen des Modells über die rechte untere Kante (Visualisierung)

Water molecules are bent

Kopiervorlage

Water molecules are bent

Lone electron pairs are closer to the central atom than bonding electron pairs. Therefore, lone electron pairs cause greater repulsion than bonding electron pairs.

1. Suggest a hypothesis for how this affects the bond angles. Keep in mind that the bond angle in a tetrahedron is 109.5°.
2. Build "toothpick and modeling clay molecules" of ammonia (Ammoniak, NH_3) and water (H_2O) according to your hypothesis.

Schülerinnen und Schüler mit guter räumlicher Vorstellung verstehen rasch, dass sich die Bindungswinkel mit steigender Anzahl von einsamen Elektronenpaaren zunehmend verkleinern: *The lone electron pair pushes the electron pair bonds inwards in ammonia and further towards one another in water* (*Kommunikation*, *Sprachmöglichkeit*). Wassermoleküle zeigen die bekannte gewinkelte Form (*Fachwissen*).

Schulung der räumlichen Vorstellung durch Modelle

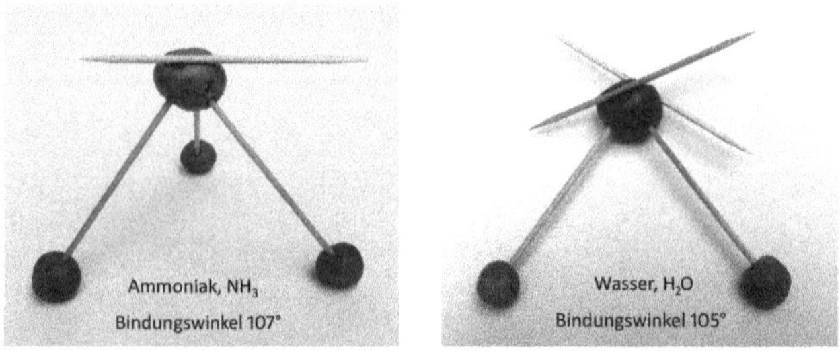

Abb. 8: Ammoniak und Wasser, Bindungswinkel in Abhängigkeit von der Anzahl einsamer Elektronenpaare

Tug of war with electrons

Sprachförderung durch Visualisierung

Bindungselektronenpaare werden von den Atomen unterschiedlich stark angezogen, was dazu führt, dass die Bindungen nicht symmetrisch zwischen den Atomen sind. Die Stärke der Anziehungskraft (auch Elektronegativität genannt) hängt mit dem Bau der Atome zusammen. Im Atomkern befinden sich positiv geladene Protonen, und je mehr davon vorhanden sind, desto stärker ist die Anziehungskraft auf die negativ geladenen Elektronenpaare. Die Abbildung eines *Tug-of-war*-Spieles bietet sowohl die entsprechende *Visualisierung* als auch eine Sprechgelegenheit für die Schülerinnen und Schüler (*Sprachförderung*):

Kopiervorlage

Tug of war with electrons

Describe the connection between "tug of war" and the electron pair bond in molecules. Predict the outcome in the "tug of war" in the water molecule.

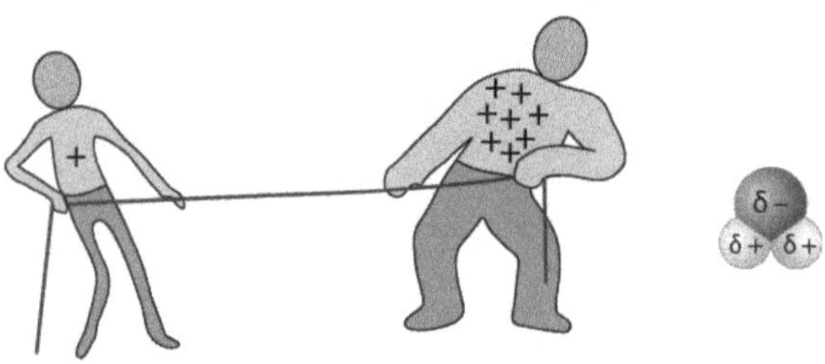

Abb. 9: Links: Tug of war between a tiny hydrogen atom (one proton) and a large oxygen atom (8 protons), rechts: A water molecule has a positive and a negative end

Die Schülerantworten zeigen erfahrungsgemäß unterschiedliche Abstraktionsniveaus: *The large oxygen atom is much stronger and can pull the rope better. The tiny hydrogen atom has to give in.* Stärker abstrahierend: *Since the electronegativity of oxygen is higher, the electron pairs are pulled towards the oxygen atom. This results in a negative charge in the oxygen atom and a positive charge in the hydrogen atoms.* (*Kommunikation, Erkenntnisgewinn*)

Schüler zeigen unterschiedliche Fähigkeiten zur Abstraktion

Ohne Kenntnisse der Molekülgeometrie würde man dem Wassermolekül lineare Anordnung der Atome zusprechen und die Ladungen würden sich gegenseitig aufheben. Die Ladungstrennung macht die insgesamt ungeladenen Wassermoleküle aber zu einem sogenannten Dipol (dauerhaft positiver Pol auf der Seite der Wasserstoffatome und dauerhaft negativer Pol auf der Seite des Sauerstoffatoms).

Kopiervorlage

Water molecules in order

Describe how the order of the water molecules changes when the stream of water comes close to the electrostatically charged surface. Useful terms are: arrangement, attraction, charge, dipole, electrostatically charged, jumbled, negative end, order, positive end, regular, thermal motion.

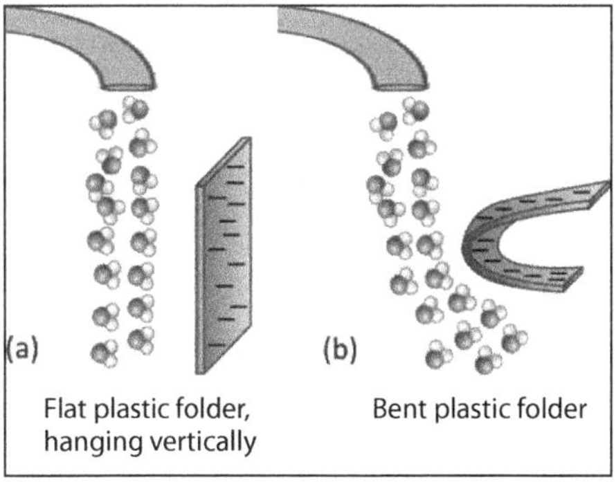

Abb. 10: arrangement of water molecules in presence of (a) a flat and (b) a bent electrostatically charged surface

Vorstrukturierung der Schülerantworten durch Worthilfen oder Lückentexte

Mögliche Schülerantworten könnten zusammengefasst folgendermaßen lauten: *Normally the water molecules are jumbled. Due to thermal motion they don't have any particular arrangement. But when they come close to the electrostatically negatively charged surface, they all turn their positive ends towards that surface. This means their arrangement becomes regular. The water molecules have a positively charged end and a negatively charged end, they are dipoles.*

Dieser eher komplexe Sachverhalt kann natürlich auch als Lückentext vorentlastet werden.

Kopiervorlage

The flat folder and the curved folder

What is the difference if both the flat folder and the curved folder are electrostatically charged? And why does only one of them influence the stream of water? This can be explained with the help of electric field lines.

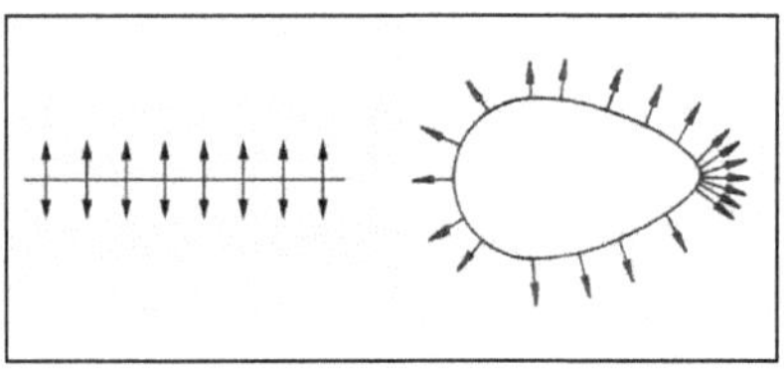

Abb. 11: Field lines in a flat and a bent surface (verändert nach Dransfeld *und* Kienle *1989)*

In the flat folder, the strength of the electric field is the same all over – the density of the field line is equal everywhere. In the curved folder, the field lines diverge. Thus, the strength of the field is inhomogeneous. It is stronger close to the folder, where the density of the field lines is higher. In the homogeneous field of the flat folder, the positively charged ends of the water molecules are attracted with the same force as the negatively charged ends are repelled. The overall uncharged molecules are neither attracted nor repelled, and the stream of water remains straight. In the inhomogeneous field, the positively charged ends are in a slightly stronger field than the negatively charged fields. Thus, the forces of attraction are a bit higher than the repulsive forces. All the water molecules are pulled towards the curved plane, and the stream of water bends.

First, work with your neighbour (two students):

1. Underline new vocabulary and find translations.
2. Transform the information given into your own sketch and practice explaining your sketch.
3. Peer review the sketches and explanations of other groups.

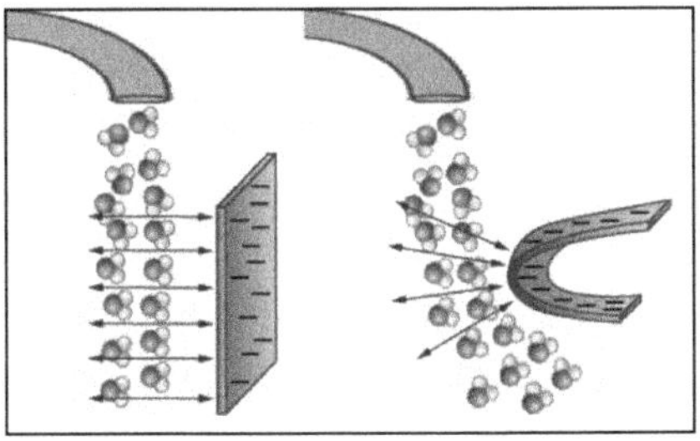

Abb. 12: Die Wassermoleküle werden in einem inhomogenen Feld zum Ort der größeren Feldstärke, erkennbar an größerer Dichte der Feldlinien, gezogen

Fazit

Zugegeben, die Erklärung des abknickenden Wasserstrahls mittels der Molekülgeometrie ist nicht ganz einfach nachzuvollziehen. Worin aber bestehen Schwierigkeiten bzw. was wurde zu ihrer Lösung angeboten? Deutlich sollte geworden sein, dass nicht die englische Sprache dem Verständnis hinderlich ist. Englisch oder Deutsch – man muss sich in das Stoffgebiet hineinvertiefen. Um dies zu erleichtern, wurden mannigfaltige Aktivitäten vorgeschlagen, die Schülerinnen und Schüler an die Thematik heranführen. Sie beobachten, bauen unterschiedliche Modelle, die jeweils bestimmte Erkenntnisse zulassen. Probleme werden aus verschiedenen Blickwinkeln betrachtet und die Schülerinnen und Schüler begreifen aus dem Tun heraus. Dies sind Gütekriterien für bilingualen Chemieunterricht, aber auch der monolingual-muttersprachliche Chemieunterricht gewinnt durch mehrdimensionale Zugänge zu naturwissenschaftlichen Sachverhalten. *Science teachers can make a world of difference!*

Monolingual muttersprachlicher und bilingualer Unterricht weisen ähnliche Gütekriterien auf

12 Bilingualer Musikunterricht – Voraussetzungen, Chancen und Unterrichtsbeispiele

Anja Rosenbrock

Voraussetzungen für bilingualen Musikunterricht

Besondere Eignung des Faches

Das Fach Musik zählt nicht unter die „klassischen" Fächer für bilingualen Unterricht; sowohl Fachliteratur als auch publizierte Unterrichtsmaterialien sind Mangelware (vgl. Helms 2004, 291–292, Rosenbrock 2006, 149). Dies überrascht, da das Fach aufgrund folgender Fachspezifika als besonders geeignet angesehen werden kann (vgl. auch Bauer und Wiesmann 2001, 118):

Gemeinsamkeiten zwischen Musik- und Sprachlernen

Ohne an dieser Stelle auf die kontrovers diskutierte These zu verfallen, Musik sei eine Sprache, lassen sich doch viele Gemeinsamkeiten zwischen Musik und Sprache feststellen, die einen Einfluss auf die Vermittlung der beiden Schulfächer hat. Sowohl Sprache als auch Musik sind zunächst einmal auditive Phänomene; eine Auseinandersetzung mit ihnen stärkt das differenzierte Hören. Zudem werden beide dargestellt durch ein visuell wahrnehmbares, abstraktes Zeichensystem. Beim (Mit-)Lesen dieses Zeichensystems sollen Lernende eine Verknüpfung zwischen Zeichen und Klangeindruck entwickeln – sowohl bei der Notenschrift als auch bei der englischen Rechtschreibung nicht immer eine einfache Aufgabe für Schülerinnen und Schüler. Ebenso können die auditiven Phänomene Sprache und Musik jedoch assoziative Bilder erzeugen und Emotionen hervorrufen, die dann wiederum sprachlich beschrieben werden können.

Handlungsorientierung

Kommunikation im Rahmen von Schüleraktivitäten führt im bilingualen Unterricht zu besonders authentischer fremdsprachlicher Kommunikation. Zu den wichtigsten Formen des handlungsorientierten Lernens im Musikunterricht gehört ohne Zweifel die Musikpraxis. Beim gemeinsamen Musizieren und Singen werden Schülerinnen und Schüler nicht nur von der Lehrperson angesprochen, sondern sie sehen sich – je nach Praxisform – auch gezwungen, untereinander bzw. mit der Lehrperson zu kommunizieren. Hierbei sollte einerseits relativ konsequent auf einer Verwendung der Fremdsprache bestanden werden – viele Fachwörter, zum Beispiel „rhythm", ähneln sich im Deutschen und Englischen. Andererseits müssen Lernende sprachlich zum Teil stark gestützt werden; nicht jeder kann z. B. auf Englisch das Stimmen einer Gitarre einfordern. Treten zu lösende Probleme jedoch wiederholt auf, ist von einem Lerneffekt auszugehen. Das Singen von englischen Texten, welches mit instrumentalem Musizieren verbunden werden kann, unterstützt hierbei die Inszenierung einer englischsprachigen Lernumgebung.

Aufgrund dieser vielfältigen Möglichkeiten eignet sich Musik auch als ersteinsetzendes Fach für bilingualen Unterricht (vgl. Rymarczyk 2004, 289). Ebenso bietet es jedoch in höheren Klassen die Möglichkeit, aktivierende Handlungsorientierung mit einer intensiven sprachbasierten Reflexion zu verbinden.

Englisch als Sprache der Musik

Während sich bei bilingualem Unterricht mit Zielsprache Italienisch ohne Zweifel eine Beschäftigung mit der italienischen Oper anböte, ist eine Verbindung vieler zeitgenössischer und einiger historischer Inhalte des Musikunterrichts mit der englischen Sprache ebenso ergiebig. Hierbei sind natürlich die sehr häufig englischsprachigen Popularmusiktexte mit einzubeziehen, und zwar im Sinne Terhags (1994, 8–12) sowohl die der meist aktuellen Schülermusik als auch die der didaktisch aufgearbeiteten, oft von Lehrenden bevorzugten älteren Popularmusik. Darüber hinaus entstammen in der Musik jedoch auch viele Fachbegriffe der englischen Sprache. Eine Erläuterung der englischsprachigen Begriffe kann somit sowohl zu einem besseren Verständnis des eigenen alltäglichen Sprachgebrauchs als auch zu einer erhöhten Fachsprachlichkeit in beiden Sprachen führen – und darüber hinaus Berührungsängste gegenüber der zweitsprachlichen Behandlung dieser Themen abbauen.

Gemeinsamkeiten der Fächer Englisch und Musik

Musikgeschichte kann im bilingualen Musikunterricht beispielsweise die Werke von Komponisten wie John Dowland und Henry Purcell mit einbeziehen; eine englischsprachige Beschäftigung mit der Geschichte von Blues, Jazz und der Entwicklung der verschiedenen Stile von Pop und Rock liegt auf der Hand. Auch englischsprachige Musicals bieten sich zu einer Behandlung auf Englisch an (vgl. Helms 2004, 300).

Verbindung zwischen Musik(-unterricht) und internationalen Medien

Musik und Medienerziehung

Die Verbreitung von Musik wäre heutzutage undenkbar ohne Medien, doch auch moderne Medien kommen heute selten ohne Musik aus. Musikunterricht bedeutet daher oft Medienerziehung (vgl. Helms 2004, 301) – sei es bei der Beschäftigung mit Musikpresse und Musikfernsehen, sei es bei der Auseinandersetzung mit Musik in Film und Werbung, sei es bei der Recherche zu Musik im Internet, welche nicht selten auf einer Videoplattform endet. All diese Formen der medialen Auseinandersetzung mit Musik haben gemeinsam, dass sie sowohl als Freizeitbeschäftigung der Schülerinnen und Schüler als auch im Schulunterricht auftauchen können – und dass Schülerinnen und Schüler, je nach Interesse, bereits in der Freizeit Erfahrungen mit dem jeweils englischsprachigen Medium gemacht haben können. Die Globalisierung der Medienwelt vereinfacht dabei nicht nur die alltägliche Rezeption fremdsprachiger Medien, sondern bietet auch Möglichkeiten zur eigenen Kommunikation – zum Beispiel die Möglichkeit, englischsprachige Kommentare zu einem im Internet einsehbaren Musikvideo nicht nur zu verstehen, sondern auch einen eigenen hinzuzufügen. Musikunterricht kann hier helfen, sowohl die Mechanismen der Medienwelt als auch den eigenen Medienkonsum zu reflektieren; bilingualer Musikunterricht kann zu musik- und medienbezogenen Kommunikationsprozessen ermutigen und sie unterstützen.

Interkulturelle Musikerziehung

Bilingualer Musikunterricht und interkulturelle Erziehung

Bilingualer Unterricht bedeutet auch immer, dass zumindest in Ansätzen interkulturelles Lernen stattfindet. Dies wird deutlich an sprachlichen Unterschieden, die auf kulturell geprägte Denkweisen hinweisen, schlägt sich jedoch auch in der Themenauswahl nieder: Schon allein das Vorhandensein fremdsprachlichen authentischen Materials ermutigt zur Behandlung eines Inhalts anhand eines zielkulturellen Beispiels. Dies geht nicht nur mit einer Vermittlung landeskundlicher Inhalte einher, sondern auch mit einem vergleichenden Blick über den Tellerrand und einer möglichen Relativierung der eigenen Kultur. Somit kann bilingualer Unterricht einen Beitrag zur interkulturellen Bildung leisten.

Die ausgeprägte musikdidaktische Debatte zur interkulturellen Musikerziehung zeigt, dass der bilinguale Unterricht und die Musikpädagogik hier ähnliche Ziele haben und sich Synergieeffekte, aber auch Reibungspunkte ergeben können – zumal bilingualer Unterricht von einer mit der Fremdsprache verbundenen Zielkultur ausgeht, sich interkulturelle Musikerziehung hingegen an der multikulturellen Lebenswelt der Schülerinnen und Schüler orientiert. Doch gerade im Bereich der Transfereffekte lassen sich Herangehensweisen der beiden didaktischen Konzepte gut verbinden (vgl. hierzu Rosenbrock 2007, passim).

Unterrichtsbeispiele für bilingualen Musikunterricht

Über Musik sprechen mit Phrasenhilfen (Klasse 6 und 7)

Phrasenhilfen – ein schneller Einstieg ins Unterrichtsgespräch

Die Fähigkeit zur Versprachlichung musikalischer Erfahrung kann zu den primären Zielen des Musikunterrichts gezählt werden. Sprachliche Kommunikation über Musik kann beinhalten, einen Klangeindruck zu beschreiben, ihn durch Höranalyse zu konkretisieren (z. B. durch Nennung von Instrumenten, Taktart etc.), die von Musik geweckten lebensweltlichen, visuellen und emotionalen Assoziationen zu benennen und anhand des Klangeindrucks zu begründen sowie ein Klangereignis in einen historischen, geographischen und/oder gesellschaftlichen Kontext einzuordnen. Wer diese Kompetenzen erworben hat, verfügt bereits über ein großes Repertoire von Umgangsstrategien mit Musik, also über gute Voraussetzungen für die Reflexion von musikalischen Phänomenen und musikbezogenen Verhaltensweisen im Alltag. Schüler und Schülerinnen mit diesen Kompetenzen haben daher bereits wichtige Ziele des allgemeinbildenden Musikunterrichts erreicht, selbst wenn sie nicht praktisch musizieren. Über Musik sprechen ist also eine bedeutsame Methode des Musikunterrichts – und eine wichtige Voraussetzung für die erfolgreiche Beschäftigung mit vielen Themen des Fachs, welche früh gefördert werden sollte. Ein systematisches Üben des Sprechens über Musik ist also auch im „normalen" Musikunterricht sinnvoll, erfolgt jedoch nicht immer, da entsprechende Fähigkeiten vorausgesetzt werden – sicherlich nicht immer zu Recht. Bilingualer Musikunterricht zeigt jedoch schnell, dass das gehaltvolle Sprechen über Musik systematisch geübt werden muss. Wer Schülerinnen und Schülern eine fremdsprachliche Phrasensammlung zur Verfügung stellt, gibt ihnen dabei nicht nur eine sprachliche Hilfe im Sinne einer Liste mit Redemitteln, sondern auch Anregungen, was in Bezug auf ein Hörereignis überhaupt thematisiert werden kann. Eine derartige Phrasensammlung, die natürlich viele neue Vokabeln enthält und daher im Unterricht eingehend besprochen werden muss, kann Phrasen wie die auf S. 132 aufgelisteten enthalten.

Die Systematisierung der Höreindrücke, welche das vorgegebene fremdsprachliche Schema vorgibt, ist somit sowohl als sprachliches als auch fachliches *Scaffolding* zu verstehen, wobei die Auswahl der Hörbeispiele darüber bestimmt, inwieweit die vorgegebenen Phrasen zur Beschreibung ausreichen oder gemeinsam ergänzt werden müssen, um den sprachlichen und musikalischen Horizont zu erweitern. Diese Horizonterweiterung betrifft nicht nur die Frage, was an Musik alles wahrgenommen und beschrieben

Describing what you hear

The music has a slow / fast tempo.
The music is loud / soft.
The music has a regular (= regelmäßig) / irregular (unregelmäßig) rhythm.
The music is in major (Dur) / minor (Moll).
The music has a / no clear melody. [...]

Musical instruments and ensembles

I can hear

- a piano / guitar / flute (= Querflöte) / [...]
- a female (weiblich) / male (männlich) singer.
- a whole orchestra / a rock band / a choir (Chor). [...]

Different musical genres and functions of music

The musical genre is pop music / rock music / hip hop / classical music / opera / musical / folk music / ethnic music / jazz / …
The music sounds like African / South American / Asian / … music.
It is music for dancing / for marching / for singing along / … [...]

Emotions and impressions (= Eindrücke)

This piece of music / song sounds

- happy / cheerful (fröhlich) / hopeful /
- sad / angry / plaintive (klagend) / timid (ängstlich) / aggressive / mournful (trauernd)
- romantic / peaceful / solemn (ernst, feierlich) / heroic (heldenhaft) / monumental (gewaltig) / threatening (bedrohlich) / funny / … […]

Your own opinion (= Meinung) and experience (= Erfahrung)

I like / dislike this piece of music because …
I like / dislike the musical genre because …
I have heard this kind of music before – in / at … [...]

werden kann, sondern auch die Wahrnehmung von Musik, mit der Lernende bislang noch wenig Kontakt hatten. So können Lehrende Hörbeispiele auswählen, die sowohl den Bereich der „Klassik" – im weitläufigsten und alltagssprachlichen Sinne des Wortes – als auch der außereuropäischen Musik abdecken, um die Ohren der Lernenden für diese Musik zu schärfen. Die zunächst als fremd empfundene Musik stellt Lernende hier vor große Herausforderungen, wobei der Prozess des Beschreibens eine Annäherung an die Musik bewirken kann.

Musikmedien als Teil der Lebenswelt

Ebenso sollten jedoch von Schülerinnen und Schülern mitgebrachte Hörbeispiele thematisiert werden: Sie lernen dabei, einen Teil ihrer eigenen musikalischen Lebenswelt und Erfahrung fremdsprachlich zu thematisieren, vielleicht auch durch die eingehende Beschreibung neu wahrzunehmen. Durch unterschiedliche musikalische Präferenzen – meist im Bereich der populären Musik, doch möglicherweise auch mit Bezug auf unterschiedliche kulturelle Hintergründe – erfolgt die Horizonterweiterung der Lernenden auch auf gegenseitiger Basis und selbst in Bezug auf die Lehrperson, die so vielleicht auch ihr fremde Musik kennen- und beschreiben lernt. Ein Resultat des damit verbundenen vielfältigen und unvorhersehbaren musikalischen und sprachlichen Austauschprozesses kann dabei nicht nur eine Ergänzung der Phrasenliste sein, sondern auch eine Neuordnung, da unterschiedliche musikalische Genres unterschiedliche sprachliche Äußerungen und sprachliche Kategorienbildungen erfordern. Gleichzeitig erfolgt fremdsprachliches Lernen insbesondere im Bereich der Vokabularerweiterung – nicht nur in Bezug auf musikalisches Fachvokabular, sondern zum Beispiel auch im Bereich der differenzierten Benennung von Emotionen.

The Score of the Rings – Filmmusik und Medienerziehung (Klasse 8 und 9)

Filmmusik auf Englisch thematisieren

Filmmusik kann einerseits als eine vielfältige und differenziert eingesetzte Kunstform betrachtet werden, andererseits als Form der emotionalen Manipulation, welche auch missbraucht werden kann, zum Beispiel im Kontext von Werbung oder politischer Meinungsmache. Die Techniken der Filmmusik zu durchschauen ist also Bestandteil der in der Schulzeit aufzubauenden Medienkompetenz, über die jeder Mensch verfügen sollte. Dies kann jedoch auch dazu führen, den „Kunstgenuss" bei der Beschäftigung mit dem komplexen Medium Film zu erhöhen.

Ähnlich wie beim Blues besteht die Fachsprache zum Thema Filmmusik aus vielen englischen oder im Deutschen oder Englischen fast gleichen Begriffen; auch im Deutschen spricht man von *on-screen* und *off-screen*, auch im Englischen vom *leitmotif*. Hier ist es sinnvoll, auf die kulturellen Hintergründe dieser Begriffe zu verweisen – also auf die große Bedeutung der amerikanischen Filmindustrie für die Entwicklung der Filmmusik einerseits und andererseits den Einfluss von Wagners Kompositionstechniken auf die Filmmusik. Auch hier ist es sinnvoll, mit einer Vokabelliste die Begriffe gleich in beiden Sprachen einzuführen und dabei möglichst anhand von musikalischen Beispielen zu illustrieren.

Filme als englischsprachiges Original behandeln

Die Beschäftigung mit einem im Original gezeigten englischsprachigen Film bietet hier nicht nur eine – im Fremdsprachunterricht ja ebenfalls mögliche – Förderung des Hör-Seh-Verständnisses, sondern regt auch zusätzlich an, das auf Englisch Gehörte auf Englisch zu thematisieren. Zudem wird das Musik-Sprach-Verhältnis beim Original in manchen Filmen – nicht zuletzt bei der Verwendung *on-screen* gesungener Stücke – bewusst in einer Weise aufeinander abgestimmt, die bei einer Übersetzung nicht immer vollständig übertragen werden kann. In einer englischsprachigen Beschäftigung mit der Filmmusik englischsprachiger Filme liegt also wie beim Blues eine „Passung" von Gegenstand und Unterrichtssprache vor.

Filmmusik in ihrem filmischen Kontext hat oft eine starke emotionale Wirkung, die in der Regel von Schülerinnen und Schülern jedoch nicht eindeutig benannt werden kann. Um aber den gemachten Charakter dieser Wirkung zu identifizieren und zu verstehen, muss diese zurückgeführt werden auf die jeweils zur Wirkungserzielung eingesetzten musikalischen Parameter. Die Voraussetzung hierzu ist ein differenziertes und analytisches Hören von Musik. Dass bei Filmmusik selten Partituren vorliegen, ist hier keinesfalls als Manko anzusehen: Ohne Partitur sind die Schülerinnen und Schüler gezwungen, sich ganz auf ihr Gehör zu verlassen, und haben zudem „die Augen frei" für die vertonte Filmszene, können also Zusammenhänge zwischen Bild- und Tonebene ungehindert wahrnehmen; zudem ermutigt die notenfreie Herangehensweise auch diejenigen Schülerinnen und Schüler zur regen Mitarbeit, die sich in der Partiturarbeit schwertun.

Sprache hat bei dieser Herangehensweise die Funktion, Höreindrücke zu konkretisieren, zu kategorisieren und sich über Höreindrücke im sozialen Kontext zu verständigen, diese also mit den Höreindrücken anderer zu vergleichen, die eigene Wahrnehmung zu ergänzen und somit auch voneinander hören zu lernen. Hierzu ist es wichtig, die musikbezogene Sprache – und damit auch die Fachsprache, die häufig eine Kategorienbildung der Wahrnehmung fördert – zu vereinheitlichen, Musik also mit einer vereinheitlichten Sprache intensiv und detailliert zu beschreiben. Diesem analytischen Ansatz steht ein individueller, emotionaler gegenüber, der das eigene

Empfinden eines Musikstücks – in seinem filmischen Kontext oder von diesem gelöst – in eigene Worte fasst und der Tatsache gerecht wird, dass es bei der Höranalyse ein „Richtig“ und „Falsch“ geben kann (d. h. objektiv das Vorhandensein oder die Abwesenheit einer Trompete in einem bestimmten Abschnitt feststellbar), beim Empfinden von Musik hingegen nicht. Gerade dieser Gegensatz zwischen einem objektiven und einem subjektiven Beschreiben von Musik mit einer möglichst differenzierten Sprache baut auf der Einheit „Über Musik sprechen mit Phrasenhilfen“ auf, die im Idealfall in einem früheren Schuljahr bereits durchlaufen wurde und auf deren Erfahrungen und Materialien die Schülerinnen und Schüler zurückgreifen können. Beim Umgang mit Filmmusik in den höheren Jahrgängen sollte hierbei jedoch eine größere Systematik eingefordert werden. Hierzu sollten die musikalischen Parameter sowohl benannt und in eine inhaltliche Systematik gebracht als auch sprachlich in ihrem Wortfeld und ihren logischen Bezügen erfasst werden. Eine Alternative zur tabellarischen Vokabelliste kann hier ein fremdsprachlicher Text mit Vokabelhilfen sein, der die Zusammenhänge zwischen musikalischen Parametern und ihren Ausprägungen wiederholend aufzeigt:

Fachsprache ermöglicht, Analyse und Emotionen aufeinander zu beziehen

Kopiervorlage

Melody, harmony and pitch

Every melody consists of notes with different pitches (= Tonhöhen). A melody can move up and down in steps or jumps. It can have a climax (= Höhepunkt), often on its highest note. When describing a melody, we can also name its intervals [prima, minor and major second / third (= kleine und große Sekunde / Terz), fourth, augmented (= übermäßige) fourth / diminished (= verminderte) fifth, fifth, minor and major sixth / seventh, octave]. If we describe harmony, we mainly talk about minor and major chords (= Moll- und Durakkorde) (but of course there are also augmented and diminished chords) and about consonances and dissonances.

Rhythm deals with the duration (= Dauer) of notes and rests (= Pausen); we discuss whether a rhythm is regular or irregular, whether it is a rhythm for dancing, etc. The parameter tempo describes music in terms of 'slow' and 'fast'; tempo can increase (sich steigern) or decrease (sich verringern). We talk about meter if we discuss whether a piece of music (= Musikstück) is, for example, in 3/4 time or 4/4 time (= Dreiviertel- oder Viervierteltakt).

Shores Filmmusik zu „The Lord of the Rings" und „Hobbit"

Das Filmepos „The Lord of the Rings" bietet sich für diese Art der bilingualen Filmmusikdidaktik aus verschiedenen Gründen in besonderer Weise an. Besonders zu erwähnen ist die hochkomplexe, doch sehr eingängige und emotional nachvollziehbare Filmmusik des Komponisten HOWARD SHORE. Diese bietet einerseits jüngeren und in diesem Bereich unerfahreneren Schülerinnen und Schülern leicht nachvollziehbare Zusammenhänge zwischen Musik, Szene und der in diesem Kontext erzeugten Wirkung. Andererseits stellt sie aufgrund ihrer vielfältigen innermusikalischen Bezüge und ihres Reichtums an wandelbaren Leitmotiven dennoch eine Herausforderung für in diesem Bereich kundigere Lernende dar. Zudem begeistert der phantastische Stoff J. R. R. TOLKIENS – auch, aber bei weitem nicht nur aufgrund der bildgewaltigen filmischen Umsetzung durch PETER JACKSON – seit Generationen Jugendliche und auch Erwachsene. Des Weiteren geht mit dem Thema „The Lord of the Rings" ein großer Materialreichtum einher, welcher fächerübergreifendes Arbeiten insbesondere mit dem Englischunterricht ermöglicht, in dem zum Beispiel Romanausschnitte thematisiert werden können. Lernende können – in Referaten oder in eigenen kurzen Texten, die in Papier- oder CD-Rom-Form verteilt werden können – einander Charaktere, Völker, Orte und Handlungsteile nahebringen und damit den Verständnisnachteil derer ausgleichen, für die der „Herr der Ringe" nicht ohnehin Lieblingslektüre ist. Je nach Motivation und Zeitaufwand kann also auch der „Lord of the Rings" eine englischsprachige, fächer-, medien- und themenübergreifende Lernwelt werden, in der eine intensive Beschäftigung mit der Filmmusik nur einen Teil einer ganzheitlichen Literatur-, Kultur- und Mediendidaktik darstellt. Ebenso lässt sich das Thema jedoch auch auf eine „ganz normale" englischsprachige Beschäftigung mit der Filmmusik des ersten Teils der Filme beschränken, die eine Ausklammerung vieler Handlungsstränge und Charaktere zulässt, dabei aber trotzdem eine intensive Vermittlung insbesondere der Leitmotivtechnik zulässt[4].

Fazit

Wie bei allen Fachdidaktiken stellt sich auch in der Musikdidaktik die Frage, ob sich bilingualer Musikunterricht – von allen *sprach*didaktischen Vorteilen abgesehen – auch *fach*didaktisch „lohnt", zumal der Aufwand des bilingualen Unterrichtens nun einmal Unterrichtszeit kostet, die der Vermittlung von Fachinhalten potentiell fehlt (vgl. HELMS 2004, 291). Wie

4 Ein Materialbeispiel, allerdings in deutscher Sprache, findet sich im Musikbuch O-Ton 2, Schöningh-Verlag.

die Unterrichtsbeispiele zeigen, lassen sich mehrere Aspekte des bilingualen Unterrichts finden, die auch der Musikvermittlung zugute kommen. Hier sind vor allem sprachliche Synergieeffekte zu nennen, wenn die Unterrichtssprache mit der Fachsprache, der Songtextsprache und Zielsprache und/oder der Zielkultursprache identisch ist; sprachliche und musikkulturelle Immersion gehen in diesen Fällen miteinander einher.

Passung von Thema und Zielsprache

Während bei einer Passung von Thema und Zielsprache die Vorteile von bilingualem Musikunterricht offensichtlich sind, verhält es sich bei manchen Themen natürlich anders. Wer zum Beispiel Musikgeschichte an den im deutschsprachigen Raum geschehenen Entwicklungen vermitteln möchte, hat es hier schwerer. Doch ermöglicht ein kreativer Umgang mit diesem Problem, das vertraute Thema – so es denn den Schülerinnen und Schülern vertraut ist – mal aus einer anderen Perspektive zu behandeln, wenn z. B. der Freischütz plötzlich zum „free shooter" wird (vgl. Rosenbrock 2006, 148). Allerdings lassen sich natürlich auch hier englischsprachige Alternativen finden. Letztendlich kann die erwähnte Problematik jedoch auch eine Begründung dafür sein, bilingualen Musikunterricht nur in bestimmten Jahrgängen oder in Modulen, nicht aber durchgängig durchzuführen (vgl. dazu Rosenbrock 2009, 113–116).

Ob die Vorteile des bilingualen Musikunterrichts durchgängig genutzt werden oder ob man lieber bestimmte Zeiträume des Musikunterrichts, abgestimmt auf die Themenwahl, bilingual unterrichtet, werden Schulen auf ihre eigenen Vorstellungen und Bedingungen abstimmen. In jedem Fall jedoch bietet bilingualer Musikunterricht sowohl aus fachlicher als auch aus sprachlicher Sicht vielfältige und schülerorientierte Lernanlässe.

13 Kunst auf Englisch – fremdsprachig denken, lernen und gestalterisch tätig werden

Monika Nolden

Kunst innerhalb eines bilingualen Angebots

▶ Bilinguale Vorerfahrungen aus der Primarstufe

Der themenzentrierte Englischunterricht in der Grundschule lehnt sich in großen Teilen thematisch an Sachfächer bzw. Fächerverbünde an, in denen sich naturwissenschaftlich, kulturgeschichtlich, künstlerisch-handwerklich und sportlich betätigt wird.

Besonders in den ersten beiden Lernjahren (Klasse 1 und 2) sind der themenzentrierte Englischunterricht und der bilinguale Sachfachunterricht kaum voneinander zu unterscheiden, da für einen echten bilingualen Sachfachunterricht der fremdsprachliche Vorlauf recht gering ist und eigentlich nur von einem vorfachlichen bilingualen Unterricht und einer rezeptiven oder auch vorkommunikativen Zweisprachigkeit die Rede sein kann. Die Grenzen zwischen beiden Varianten sind in der Primarstufe fließend. So ist der Schritt von einem Fremdsprachenunterricht mit Sachfachelementen zu einer Form des bilingualen Unterrichts bereits in der Grundschule angebahnt.

▶ Übergangsmöglichkeiten in der Sekundarstufe

Für die weiterführenden Schulen eignen sich deshalb gerade in der fünften und sechsten Klasse die Fächer Bildende Kunst und die anderen musischen Fächer als Einstiegs- bzw. Übergangsfächer in ein bilinguales Angebot. Gerade Schulen, die einen bilingualen Zug anbieten wollen und deren Rahmenbedingungen abhängig vom Bundesland bei der Einrichtung bilingualer Züge keine zusätzlichen sprachlichen Vorbereitungskurse vorsehen, sollten diese handlungsorientierten Fächer als Einstiegsfächer wählen.

Der besondere Reiz, das Fach Bildende Kunst als Einstieg in das Konzept des bilingualen Unterrichts der Sekundarstufe zu nutzen, besteht darin, dass es in der Natur der Methodik des Faches liegt, sehr anschaulich zu arbeiten.

Gelingensfaktor: ein anschauliches, konkretes Thema, situativ gestützt

Es werden grundsätzlich viele Realia und zahlreiche andere visuelle Medien eingesetzt, unabhängig davon, ob der Kunstunterricht in der Muttersprache oder Fremdsprache erteilt wird. Bildliche Informationen „sind auch leichter verständlich, weil eine bildliche Form ungleich direkter und stärker wahrgenommen wird als eine schriftliche, die ja erst noch des mentalen Vorstellungsbildes bedarf" (RYMARCZYK 2003, 121). „Auch die Handlungen der Lernenden, ihr praktisches Tun, das als Produkt ihrer Gedankengänge diese gleichzeitig illustriert, wird für die Mitschüler sowie für die Lehrenden direkt ersichtlich. Fremdsprachliche Äußerungen, die unmittelbar auf derartige Handlungen bezogen sind, sind durch die Kontextgebundenheit leichter zu verstehen und daher förderlich für die Aneignung der Fremdsprache." (ebd., 122).

Oft liegen gerade in der Orientierungsstufe die Alltagssprache aus dem Englischunterricht und die Fachsprache des bilingualen Kunstunterrichts sehr eng beieinander. Zudem unterscheidet sich die Fachterminologie in der Fremd- und Muttersprache häufig nur durch eine geringfügig andere Aussprache. Zu Beginn der Orientierungsstufe in Klasse 5 verfügen die Schülerinnen und Schüler bereits über einen passablen Wortschatz im Englischen: Die Worte für Farben, Präpositionen und Arbeitsmittel sind überwiegend bekannt. Sie bedürfen lediglich der Ausdifferenzierung, besonders bei den Farbbezeichnungen und dem Wortschatz für die Werkbetrachtung (Präpositionen).

Bei Bildender Kunst als bilingualem Sachfach muss nicht unbedingt eine „Schülerauslese" getroffen werden. Selbst fremdsprachlich weniger begabte Schüler können leicht am Unterricht partizipieren. Sie können durch Sehen verstehen und sich prinzipiell deiktisch einbringen oder sich durch ihr schöpferisches Tun ausdrücken.

Zudem ist die Akzeptanz des bilingualen Unterrichts im Fach Bildende Kunst bei Eltern sehr hoch ist. Dies resultiert daraus, dass in diesem Fach die Leistungsmessung, die an Sprache gebunden ist, keine leitende, sondern eine untergeordnete Rolle spielt. Im Wesentlichen ist der Gegenstand der Bewertung das künstlerische Werk des Schülers. Schulen, die den bilingualen Unterricht an ihrer Schule etablieren wollen, können über das Fach Bildende Kunst Eltern leichter für diese Unterrichtskonzeption gewinnen und im Rahmen der Schulentwicklung zu Fürsprechern machen.

Sprachlich gebundene Leistungsmessung spielt eine untergeordnete Rolle

Didaktisch-methodische Schwerpunkte

Die Auseinandersetzung mit aktueller und historischer Bildkultur aus verschiedenen sozialen und kulturellen Bereichen sowie der Umgang mit verschiedenen Materialien und Verfahren der Malerei, dem grafischen und plastischen Gestalten, der Wahrnehmungsschulung und Interaktion sind Kern des Kunstunterrichts.

Bilingualer Unterricht, der ebenfalls für sich den Gedanken interkulturellen Lernens beansprucht, macht somit gerade in kulturbehandelnden und kulturschaffenden Fächern Sinn. So können Synergieeffekte entstehen. Einblicke in die Entwicklung verschiedener Kulturen, fremde Geisteshaltungen und Lebensauffassungen zu bekommen, kann durch einen Perspektivenwechsel, geleitet durch gestalterisches kreatives Handeln (handlungsorientiert und authentisch), Distanz zur eigenen Kultur schaffen. Das kritische Hinterfragen der eigenen Kultur kann nicht nur das Fremde verstehen, sondern auch den Wert der eigenen Kultur bzw. Arbeit erkennen lernen (vgl. auch NÜNNING/NÜNNING 2000, 4 ff.).

Das interkulturelle Potential von Themen erkennen

Durch sorgfältige Themenauswahl interkulturelles Verstehen anbahnen

Ein grundsätzlicher Gedanke bei der Entscheidung, ein Thema bilingual zu vermitteln, sollte das interkulturelle Potenzial sein: In der Klassenstufe 5 bietet sich beispielsweise das Thema „Aborigines" an. Die bildnerischen Probleme, die daran angeknüpft werden können, sind zum einen die Proportionen des menschlichen Körpers und zum anderen die Beschäftigung mit Mustern oder deckender Malweise. Aus dem Englischunterricht kennen die Schülerinnen und Schüler die Begriffe für Körperteile. Geschichten der australischen Ureinwohner wie die „Rainbow Snake" können den narrativen Hintergrund bilden (vgl. auch VATER 2008, 8–16). Der interkulturelle Aspekt ist einerseits das Körperbewusstsein und andererseits die Funktionalität von Kleidung und Körperschmuck in verschiedenen Kulturen. Auf braunem Tonpapier werden menschliche Figuren gezeichnet, anschließend ausgeschnitten und mit Mustern geschmückt. Im Rahmen einer mehrstündigen Arbeit werden die einzelnen Figuren schließlich zu einem Gruppenergebnis in einen dem „Outback" ähnlichen Hintergrund integriert.

Grundsätzliche Ziele und angestrebte Kompetenzen

Die Makrostruktur des Schaffensprozesses im Kunstunterricht ist ein Dreischritt aus Wahrnehmung, Gestaltung und Reflexion. Die übergeordneten Ziele darin sind die Förderung der Kreativität, der Sensibilität, der Kommunikationsfähigkeit, der Genussfähigkeit, aber auch die Befähigung zur ästhetischen Reflexion und Organisation schöpferischen Handelns (EID/LANGER/RUPRECHT 2002, 160–192).

Welche Anforderungen und Kompetenzen sowie Wissensstrukturen gehen seitens der Schülerinnen und Schüler mit den übergeordneten Zielen einher? Entsprechend der anzustrebenden Kompetenzen müssen Aufgabenstellungen unterschiedlicher Niveaustufen formuliert werden. Aufgabenstellungen sollten von reproduktiven Aufgaben über die rekonstruktiven bis hin zu den konstruktiven und kreativ-gestalterischen Aufgaben entwickelt werden (vgl. ZYDATIß 2010, 4).

Methodische Kompetenzen	Fachliche Kompetenzen	Personale Kompetenzen	Soziale Kompetenzen
nach Informationen über künstlerische Erscheinungsformen suchen können	künstlerische Verfahrensweisen kennen	Sinneswahrnehmungen freudvoll und künstlerisch einbringen können	sich in bildnerische Prozesse kooperativ einbringen können
Verfahren zur Analyse von Bildmaterial anwenden und mit verschiedenen Darstellungsformen umgehen können	aus verschiedenen künstlerischen Verfahren eine geeignete Auswahl treffen und Erkenntniswege umsetzen können	mit Offenheit an Neues und Anderes herangehen können	mit Offenheit an Anderes herangehen können
problemorientiertes Arbeiten organisieren und dokumentieren können	Fachterminologie und kunstgeschichtliches Wissen anwenden können	Erarbeitetes auf neue Zusammenhänge anwenden oder neue Konzepte realisieren können	eigene Erkenntnisse und Werke anderen vermitteln können
künstlerische und handwerkliche Fertigkeiten umsetzen können	Bildsprache von Kunstwerken verstehen und erkennen können	sich in fremde Auffassungen hineindenken, -fühlen können	
Methoden zur Sicherung von Erkenntnissen, zur Reflexion und Präsentation von Kunstwerken anwenden können	Bilder unter bildnerischen, kulturellen und kunsthistorischen Kriterien beurteilen können	sich eine eigene Meinung zu künstlerischen Erscheinungsformen bilden können.	sich über verschiedene künstlerische Werke und Beobachtungen wertschätzend austauschen können

Unterstützungsmaßnahmen

Die Sprachfunktionen in den einzelnen Unterrichtsphasen

Erst nach der Analyse der Sprachfunktionen können sprachliche Stützmaßnahmen entwickelt werden. Bei der Planung der Unterrichtsphasen ist es wichtig zu erkennen, welche Funktion die Sprache in den einzelnen Phasen hat:

1. Ist sie Arbeitssprache, d. h., wird sie während des schöpferischen Prozesses in der Interaktion von Schüler zu Schüler oder zwischen Lehrer und Schüler angewendet, um Arbeitsprozesse zu reflektieren, zu beeinflussen?

2. Wird sie im Sinne von Vermittlungssprache eingesetzt, also im Sinne einer Einführungsphase oder einer Phase, in der sie als Lehrmittelsprache fungiert? Wird textgeleitete Spracharbeit geleistet?
3. Geht es in der Unterrichtsphase darum, Sprache als Fachsprache zu vermitteln? Ist die Sprache das Lernobjekt?

„Advanced Organizing"

Didaktisch-methodische Grundsatzüberlegungen bei der Planung

Das Vorbereiten einer Ausgangssituation für das Lernen, die die Schülerinnen und Schüler auf ihrem Wissens- und Sprachniveau abholt (*advanced organizing*), trägt grundsätzlich zur Motivation bei. Die Erfahrung, dass sie sich fremdsprachlich von Beginn an leicht einbringen können, baut Ängste ab und führt somit zur Öffnung gegenüber dem Lerngegenstand. Wiederholungsphasen, in denen Inhalte und Fachwortschatz der vorangegangenen Stunden auf neue Bildmaterialien angewendet werden, bestätigen und motivieren die Schülerinnen und Schüler. Methoden wie z. B. Fantasiereisen und Brainstorming, die Assoziationen fördern, zum Aufbau von Vorstellungen und einer Erwartungshaltung gegenüber dem Stundeninhalt führen, spielen eine wesentlich Rolle. Sowohl bei kreativen Prozessen, aber auch bei Lernprozessen in der Fremdsprache ist die rechte Gehirnhälfte von besonderer Relevanz.

Besonders beim Einstieg in den bilingualen Kunstunterricht in der Orientierungsstufe sind Methoden aus dem Anfangsunterricht hilfreich. Eine Einstiegs- oder eine Rahmengeschichte, die einen narrativen Charakter hat und sowohl zum fremdsprachlichen In- und Output beitragen kann, aber gleichzeitig auch das Stundenthema strukturiert bzw. als Aufhänger eines bildnerischen Problems dient, kommt den Schülerinnen und Schülern sehr entgegen, denn sie kennen die Methode des *storytelling* und der *storyline* bereits aus dem themenzentrierten Englischunterricht der Grundschule.

Sprachliches Handeln und Unterstützungsmaßnahmen

Die Versorgung der Schülerinnen und Schüler mit Wortschatz im Sinne von Arbeitssprache, der sowohl für die Organisation im Klassenzimmer als auch für das Verstehen im bilingualen Unterricht relevant ist, ist ohne eine Kooperation mit dem Fremdsprachenunterricht nicht zu denken. Hierbei stellt sich die gemeinsame Abstimmung der Stoffverteilungspläne als eine zentrale Aufgabe dar. Die Themen im Sachfachunterricht müssen nicht nur nach sachfachlichen Kriterien angeordnet werden, sondern sich auch nach der fremdsprachlichen Progression richten. Themen des Englischunterrichts können häufig als Aufhänger bildnerischer Probleme dienen.

Über die Arbeit mit den *classroom phrases* hinaus muss der Lehrer im bilingualen Unterricht analysieren, welche fachspezifische Sprache in seinem Sachfachunterricht häufig eingefordert wird. An fachfachspezifische Tätigkeiten sind immer auch Formulierungen, sogenannte „verbale Operatoren" (Zydatiss 2010, 3) gekoppelt. Darunter versteht man z. B. die Begrifflichkeiten für die Arbeitsmaterialien und Instruktionen bezüglich sachfachspezifischer Arbeitsgänge: Zum einen müssen sich Schülerinnen und Schüler in der Fremdsprache beim Lehrer Hilfe holen können, wenn sie bei den Arbeitsschritten nicht weiterkommen oder weitere Materialien benötigen. Zum anderen benötigen sie auch Fachwortschatz in den Bereichen Farbe, Farbkontraste, Illusion von Perspektive, Bildbetrachtung usw.

Unterrichtsbegleitende sprachliche Stützmaßnahmen für die Lernenden

Außerdem können *bookmarks* die Spracharbeit der Schülerinnen und Schüler begleiten. Diese Buchzeichen können einerseits allgemeine zweisprachige sachfachspezifische Redewendungen aufweisen (vgl. Nolden 2011, 5), es ist aber auch denkbar, zu jedem Thema ein individuelles Buchzeichen anzufertigen.

Im bilingualen Unterricht ist es notwendig, dass auf sprachbezogene Phasen zurückgriffen wird, um den „Fachwortschatz" zu festigen. Es empfiehlt sich, den Wortschatz durch Bilder repräsentiert in *word banks* (Wortschatzposter im Klassenzimmer) festzuhalten. Diese erleichtern es den Schülerinnen und Schülern, den Wortschatz zu memorieren. Die *word banks* können auch im Schülerordner gesammelt werden und neben *zweisprachigen Wortschatzlisten* die sachfachspezifische Wortschatzarbeit begleiten.

Die Verfügbarkeit von Wörterbüchern und Bildwörterbüchern sollte selbstverständlich sichergestellt werden. Arbeitsblätter der Lehrkraft sollten mit Worterklärungen, *annotations*, gestaltet werden. Die Führung eines Heftes oder Ordners erleichtert zudem die inhaltliche und fachsprachliche Sicherung. In der Regel gibt es im Fach Bildende Kunst für Schüler kein begleitendes Lehrwerk, das diese Speicherungsfunktion und Rückgriffsmöglichkeit bietet.

Eine weitere Möglichkeit, die Spracharbeit der Schülerinnen und Schüler zu unterstützen, ist es, z. B. bei der Werkbetrachtung eine halbschriftliche Aufgabe vorzuschalten. Die halbschriftliche Aufgabe kann je nach Klassenstufe bereits *note-taking* beinhalten oder als eine *Multiple-Choice*-Aufgabe (s. Abb. 1, S. 144) gestaltet sein, sodass die Schülerinnen und Schüler darin Formulierungshilfen finden. Auf diese Weise gewinnen sie Zeit und können ihre Formulierungen für das Gespräch im Plenum vorbereiten.

Vorgeschaltete halbschriftliche Aufgaben liefern Formulierungshilfen

Material 1: Aspects of perspective in Egyptian depictions

P 1: The court of the dead woman

P 2: Maat and Isis

Source: http://www.die-goetter.de/totengericht-der-alten-aegypter und http://www.die-goetter.de/aegyptische-goettin-maat, Zugang 04.05.2012

TASK:
Look at the two Egyptian pictures and compare them. What do they have in common? Please tick ☐ the correct and cross the false statements:

- ☐ People and things are drawn next to each other.
- ☐ Sometimes persons overlap[1].
- ☐ The pictures have a three-dimensional effect.
- ☐ People are completely drawn from the side view.
- ☐ People are of different size/height.

Abb. 1: Ausschnitt einer Werkbetrachtung mit Multiple-Choice-Aufgabe

Sehr häufig müssen im Kunstunterricht Arbeitstechniken vermittelt werden. Einerseits kann der Lehrer die Arbeitsschritte vormachen und dabei in der Fremdsprache kommentieren. Neuer Wortschatz erschließt sich den Schülerinnen und Schülern in der direkten Anschauung spielend. Allerdings können auch Darstellungsformen wie diskontinuierliche Texte, beispielsweise Schritt-für-Schritt-Anleitungen (s. Abb. 2, S. 145), das Demonstrieren von Arbeitsgängen ersetzen.

Dabei kann vom Vormachen über das gegenständliche, bildliche Darstellen bis hin zu einer sprachlichen, symbolischen Darstellung der Grad der Abstraktion zunehmen. Diese Schritt-für-Schritt-Anleitungen eignen sich besonders für Arbeitsphasen des Memorierens von Arbeitsgängen. Die Anleitungen machen eigenständiges Arbeiten möglich.

Bedeutsame Sprechanlässe bei Zwischen- und Abschlussbesprechungen

Klassische dialogische und multilogische Sprechanlässe im Kunstunterricht ergeben sich im Arbeitsprozess bei Zwischen- und Abschlussbesprechungen als Feedback über die Umsetzung des Arbeitsauftrags. Diese sind jedoch häufig von der Lehrkraft gesteuert. Monologische Sprechanlässe stellen Präsentationen, also kleine Kunst-Vorträge von Schülern für Schüler dar.

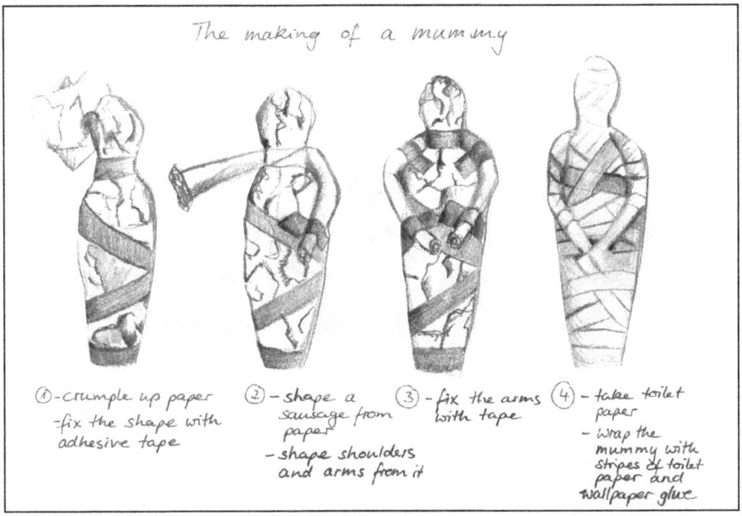

Abb. 2: Schritt-für-Schritt-Anleitung

In letzter Zeit haben sich jedoch auch prozessbegleitend kooperative Arbeits- und Lernformen den Weg in den Kunstunterricht gebahnt. In diesem Zusammenhang etablieren sich auch zunehmend wieder mehr textgeleitete Phasen im Kunstunterricht. Texte über Kunstgeschichte, die den bildnerischen Prozess betreffen, werden kooperativ von den Schülerinnen und Schülern erarbeitet. Die Schüler geben ihr erarbeitetes Wissen an Mitschüler weiter. Dadurch ergeben sich echte Schüler-Schüler-Sprechanlässe im Sinne einer *information-gap activity.*

Halbschriftliche Anlässe stellen auch *reflection sheets* (s. Abb. 3, S. 146) dar. In einem vorgefertigten Raster finden die Schülerinnen und Schüler die Standards der umzusetzenden Aufgabe. Zu Beginn der praktischen Arbeit ist dieses Bewertungsraster eine Art Erwartungshorizont, an dem entlang die Schülerinnen und Schüler ihre Arbeit entwickeln können. Nach Fertigstellung ihrer Arbeiten können sie überprüfen, auf welchem Level ihre Leistungen und die der Mitschüler anzusiedeln ist. Eine Feedbackrunde über die Ergebnisse der Schülerinnen und Schüler kann so sprachlich vorbereitet werden.

Material 8: Reflection sheet – mummy and sarcophagus

TASK: Work together with two partners. First evaluate your work, then your partner´s.
Check each aspect in the chart and fill in + or –.

Criteria „passed“	**My work**	**_________ work (other student)**	**_________ work (other student)**
sarcophagus is fixed and firm			
sarcophagus is covered with stone like colour			
sarcophagus is decorated with hieroglyphs			
mummy matches stone case			
Criteria „well passed“			
mummy has got defined arms			
neatly applicated paint			
a good total sarcophagus composition			

Abb. 3: Ausschnitt aus einem Reflexionsbogen

Aus der Unterrichtspraxis der Stufe 6/7

Im folgenden Unterrichtsentwurf geht es um die Auseinandersetzung mit dem Zeichensystem der ägyptischen Bildschrift (Hieroglyphen) und dem ägyptischen Bestattungsritus. Die Einheit ist in drei Themenschwerpunkte unterteilt die nachfolgend tabellarisch dargestellt sind:

Teil 1	**Auseinandersetzung mit dem Zeichensystem der ägyptischen Bildschrift (Hieroglyphen) und Entwicklung einer eigenen Geheimschrift**
	1. Std.: Musikalischer Einstieg (ägyptische Musik), gemäß der Feature-Methode (vgl. Klein 2002, 112-114) begleitend dazu eine Bildershow über die Sehenswürdigkeiten Ägyptens. Danach erfolgt eine Werkbetrachtung (vgl. Bilder und Texte unter http://home.pages.at/druck, museum/stein und www.educationaladventures.co.uk, die Texte müssen natürlich dem Sprachniveau der Schüler angepasst werden). Die Schüler legen sich ein Buchzeichen für die Wortschatzarbeit an und ergänzen dieses. **2. Std.:** Sich nach dem Prinzip Think-Pair-Share (vgl. Bonnet 2009, 3) mit Hintergrundinformationen beschäftigen, hieroglyphische Schreibweise nachempfinden, eine eigene Bildschrift entwickeln **3./4. Std.:** Gestaltung eines Textes in einer eigenen Bildschrift, Reflexion über die Schülerarbeiten, Gedanken zur Gestaltung einer Ausstellung im Schulhaus

▶

Teil 2	**Nachgestaltung eines Miniatursarkophags und Austausch über Bestattungsriten in verschiedenen Kulturen**
	1. Std.: Einstieg mit einer Abbildung (Mumie im Sarkophag: vgl. Bild und Text aus FIERLING/MACHOTKA/SCHWARZ 2002, 33), Textarbeit zum Verständnis der Abbildung, in Partnerarbeit tauschen sich die Schüler über verschiedene Bestattungsbräuche aus. **2. Std.:** Gestaltung eines Miniatursarkophags aus Pappe, Schüler grundieren (Ocker- oder Grautöne) einen dünnen Karton mit einem Schwamm. Der Sarkophag wird aus dem grundierten Karton zugeschnitten (vgl. Schablone in COPPOCK 2005, 54), jedoch noch nicht zusammengesetzt. Ideen für die Deckel- und Seitengestaltung werden im Heft skizziert. **3./4. Std.:** Anhand einer Folie wird eingangs nochmals geklärt, welche Teile zu bemalen sind und welche Qualität bei der Ausarbeitung angestrebt werden soll (vgl. Abb. 3). Die Schüler erhalten den Reflexionsbogen. Danach setzen sie ihre Entwürfe um. Nach einer Trockenphase setzen die Schüler den Sarkophag zusammen.
Teil 3	**Die plastische Gestaltung einer Miniaturmumie, Festigung des kunstgeschichtlichen Wissens und Reflexion über die Arbeitsergebnisse**
	1. Std.: Der Impuls zur Mumiengestaltung erfolgt über den leeren Sarkophag eines Schülers. Die Lehrkraft demonstriert und erklärt, wie entsprechend der Sarggröße der Papierkern der Mumie angepasst wird und was die einzelnen Arbeitsschritte sind. Der demonstrierte Vorgang wird über die Folie (vgl. Abb. 2) während der gesamten Gestaltungsphase eingeblendet bleiben. Die Schüler formen den Papierkern und fixieren die Form mit Klebeband. **2. Std.:** Mit Tapetenkleister und Toilettenpapier in kleinen Streifen wird nun die Mumie beklebt und erhält so ihr typisches Aussehen. **3. Std.:** Das Gruppenturnier wird mit vorbereiteten Frage-Antwort-Kärtchen (vorn eine Frage zum Thema, rückseitig die Antwort, vgl. BRÜNING/SAUM 2008, 3 ff.) durchgeführt. **4. Std.:** Die Mumien werden eventuell noch dekoriert und in den Sarg gebettet. Danach erfolgt die Reflexionsphase (vgl. Abb. 3).

Fazit

Schulen, die sich auf den Weg machen wollen, ihren Schülerinnen und Schülern ein bilinguales Angebot zu machen, sollten das Fach Kunst in den Fächerkanon des bilingualen Unterrichts aufnehmen. Es eignet sich in der Sekundarstufe I dazu, die Schülerinnen und Schüler der Klassenstufe 5 sprachlich auf dem Niveau des Grundschulenglischs abzuholen. Durch die grundsätzlich starke Anschaulichkeit im Fach Kunst und die Verwendung vieler alltagssprachlicher Begriffe ist ein sanfter Einstieg in den bilingualen Unterricht möglich.

Kunst bilingual als Knotenpunkt innerhalb eines Gesamtcurriculums

Aufgrund vielfältiger methodischer und inhaltlicher Schnittmengen mit den Fächern Geschichte und Religion (vgl. Bildbetrachtung bzw. Werkbetrachtung, Wahrnehmungsschulung, Kunstgeschichte und kulturelle und interkulturelle Kompetenz) und in Teilen auch mit Geographie bietet sich das Fach Bildende Kunst als Knotenpunkt innerhalb des fächerverbindenden und bilingualen Gesamtcurriculums einer Schule an.

Auch der muttersprachliche Kunstunterricht kann von den Erfahrungen des bilingualen Kunstunterrichts profitieren. Im bilingualen Kunstunterricht müssen die einzelnen Unterrichtsphasen in der Planung ebenso vom sprachlichen Aspekt her analysiert werden. Im muttersprachlichen Unterricht kommt dieser Gedanke zu kurz. Den Lehrkräften verschiedenster Fächer ist nicht immer bewusst, wie eng Sprache und Kognition tatsächlich miteinander verbunden sind. Aus den Erfahrungen des bilingualen Kunstunterrichts ergeben sich **Grundsätze**, die hinsichtlich der sprachlichen Arbeit im muttersprachlichen Kunstunterricht unbedingt aufgegriffen werden sollten, dabei variiert die Akzentuierung der einzelnen Aspekte nach Altersstufe der Schülerinnen und Schüler:

Was der muttersprachliche Kunstunterricht übernehmen kann

1. Bewusstes Analysieren der Unterrichtsphasen hinsichtlich der Funktion von Sprache
2. Vollzug einer wesentlich kleinschrittigeren Unterrichtsprogression
3. Häufigeres Wiederholen des Fachwortschatzes und bewussteres Anwenden und Einüben des kunstspezifischen *classroom discourse*
4. Mut zu einer stärkeren Integration von textgeleiteten Phasen, ohne den praktischen Charakter des Faches aufzugeben: Texte sollten als Speicher bzw. als Rückgriffsmöglichkeit für die Schülerinnen und Schüler und ihr selbstständigeres Arbeiten erkannt werden.
5. Einbeziehen von Reflexionsbögen als sprachliche und gedankliche Stütze: Bei einem langen Arbeitsprozess geraten sonst häufig eingangs formulierte Erwartungen in Bezug auf die Gestaltung in den Hintergrund.

Aber nicht nur der muttersprachliche Sachfachunterricht kann von den Beobachtungen im bilingualen Unterricht profitieren. Die deutliche Niveaudiskrepanz von verwendeten Texten im Fremdsprachenunterricht gegenüber denen im bilingualen Sachfachunterricht gibt Denkanstöße hinsichtlich der didaktisch-methodischen Ausrichtung des Fremdsprachenunterrichts. Sind Schüler im Fremdsprachenunterricht unterfordert?

Stich by Stich and spoon by spoon

14

Elke Storz

In zahlreichen Unterrichtsversuchen in Grund- und Sekundarschulen konnte ich beobachten, dass sachfachliche Inhalte vereinfacht wurden, um sie dem Fremdsprachenniveau der Schüler anzupassen – teilweise so stark, dass sie schon nicht mehr der Richtigkeit entsprachen. Mitunter wurden die Schülerinnen und Schüler sprachlich überfordert und konnten den Inhalten nur mit Mühe folgen, sie verloren die Lust am Unterricht. Andere Unterrichtsbeispiele zeigten, dass der Unterricht sehr lehrerzentriert gestaltet wurde, um die Schülerinnen und Schüler schrittweise zu den sachfachlichen Lernzielen zu führen. In wieder anderen konnten sie ihre Lernerkenntnisse nicht in der Fremdsprache verbalisieren.

Um den CLIL-Unterricht an der Primar- und Sekundarstufe I methodisch zu stützen, wurde das Stufenmodell entwickelt, das zum einen die sprachliche Vorentlastung *Scaffolding* sowie die Lernerautonomie im sachfachlichen Lernen und zum anderen das Lernen der Sprache anhand sachfachlicher Inhalte aufnimmt und fördert. Es verbindet das aufgabenorientierte, fremdsprachliche Lernen mit dem sachfachlichen.

Das Stufenmodell

Das Stufenmodell lehnt sich an das Modell des aufgabenorientierten Fremdsprachenerwerbs *Task Based Language Learning* (TBLL) nach WILLIS (1996) an, indem es die Elemente der sprachlichen Vorentlastung, des autonomen, aufgabenorientierten Lernens und des Sprachenlernens anhand von sachfachlichen Themen verbindet.

Fünf Stufen

Es gliedert sich in fünf Stufen. Dabei steht die Bewältigung der sachfachlichen Aufgabe in Verbindung mit der Fremdsprache im Zentrum.

1. Pre-task (inhaltlich-thematische Hinführung)
2. Task/Input (Schülerinnen und Schüler verstehen die Aufgabe)
3. Handlungsorientierter Sachfachunterricht (bildet den Schwerpunkt des bilingualen Unterrichts und Schülerinnen und Schüler lernen selbstbestimmt sachfachliche Inhalte mittels der Fremdsprache)
4. Ergebnissicherung
5. Language focus – Sprachvertiefung (Schülerinnen und Schüler bauen anhand sachfachlicher Inhalte fremdsprachliche Kompetenzen auf)

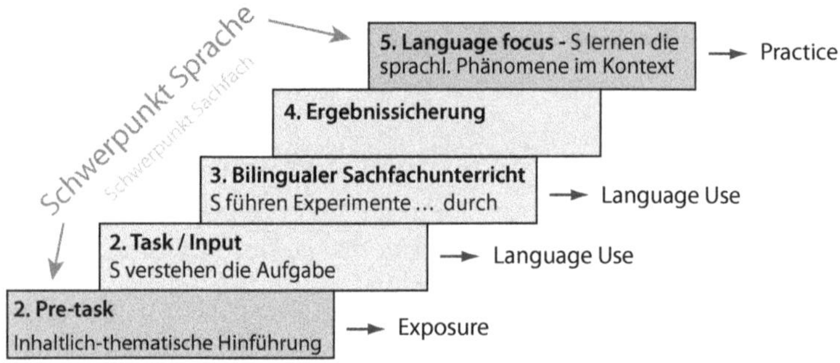

Abb. 1: Stufenmodell für CLIL nach Storz

Unterschiedliche sprachliche und sachfachliche Schwerpunkte auf jeder Stufe

Je nach Stufe werden verschiedene sprachliche und sachfachliche Schwerpunkte gesetzt. In der *Pre-task* ist der Fokus auf *Exposure* gerichtet, das heißt, die Schülerinnen und Schüler bekommen durch die Lehrkraft oder durch die Aktivierung von Vorwissen einen sprachlichen Input, der sie zum Thema hinführt und sie mit wichtigem Vokabular vertraut macht.

Der Formulierung der Aufgabe wird eine eigenständige Stufe zugedacht. Es ist wichtig, dass die Schülerinnen und Schüler die Aufgabe erfassen können und wiederum Vokabular aus dem ersten Schritt wiedererkennen. Erst wenn diese von den Lernern verstanden wird, beginnt die dritte Stufe, der bilinguale Sachfachunterricht oder synonym der handlungsorientierte Sachfachunterricht. Hier wenden die Schülerinnen und Schüler die Zielsprache zur Bewältigung einer sachfachlichen Aufgabe an.

Die Ergebnissicherung kann je nach Thema und Sprachwissen der Schülerinnen und Schüler sehr hilfreich sein, um die Lernziele zusammenzufassen und zu wiederholen.

Auf der fünften Stufe können sprachliche Besonderheiten der bilingualen Einheit wiederholt oder vertieft werden. Dadurch bilden der bilinguale Sachfach- und der Sprachunterricht eine Synergie.

In diesem Kapitel wird das Stufenmodell anhand einer textilen und einer hauswirtschaftlichen Unterrichtseinheit erläutert, es kann aber für jedes Sachfach adaptiert werden.

Unterrichtsbeispiel Textil: Transferdruck

Pre-task

Die Schülerinnen und Schüler werden in einem ersten methodischen Schritt, dem *Pre-task*, zum Thema hingeführt und mit wichtigem Vokabular vertraut gemacht. Dies kann je nach Vorwissen in Unterschritte gegliedert werden:

Hinführung zum Thema

Im Beispiel der textilen Unterrichtseinheit „Transferdruck" zeigt die Lehrerin ein kleines textiles Album, dessen Seiten mit aufgedruckten Bildern und Sprüchen sowie verschiedenen textilen Techniken gestaltet und mit Knöpfen und Borten verziert wurden. Sie lässt die Kinder erzählen, was sie auf den Seiten sehen: *I like the pictures. It is a present for a baby … I can see a mother and a baby.*

Einführung des Vokabulars für die „Task"

Die Schülerinnen und Schüler werden als Vorbereitung für die *Task* einen gemeinsamen Tisch mit Materialien und Werkzeugen einrichten und anschließend benennen, was sie für ihr Projekt zusammengetragen haben. Mögliches Vokabular: *sponge, scissors, material, iron, transfer paper, photos, sewing machine, pins, ribbons, printer, …*

Task „Photo on Fabric"

In der zweiten Stufe steht die Aufgabenstellung im Zentrum. Die Schülerinnen und Schüler können sich diese selbstständig erschließen, da sie nun über die dafür notwendigen Sprachmittel verfügen. Vokabular und Redemittel aus der Einführung werden in der *Task* wieder aufgegriffen und die Schülerinnen und Schüler haben damit die Möglichkeit, rezeptiv erworbene Sprachmittel produktiv zu erlernen und in einen konkreten Handlungskontext einzuordnen (vgl. Arbeitsblatt „Photo on Fabric", S. 152).

Eine Task kann viele Formen haben

Eine *Task* kann vielfältige Formen haben. Sie kann beispielsweise in Form von Spiel- oder Bastelanweisungen, Rezepten oder Nähanleitungen erfolgen und in Einzel- oder Gruppenarbeit bewältigt werden.

Im dargestellten Beispiel der textilen Unterrichtseinheit bekommen die Schülerinnen und Schüler die *Task*, einen Transferdruck zu erstellen und diesen später mit einem *Label* zu versehen. Dazu müssen Sie sich organisieren, ihren Arbeitsplatz einrichten (vgl. „you need" auf dem Arbeitsblatt) und die Instruktion genau durchlesen. Diese Anleitung kann durch Bilder unterstützt werden, die die einzelnen Schritte verdeutlichen und bildhaft erklären. Die Schülerinnen und Schüler könnten in einem weiteren Unterrichtsschritt ihre Erkenntnisse durch die kooperative Methode *Think-Pair-Share* austauschen und sichern.

Anleitung zum Transferdruck

Photo on Fabric

You need:

1 sheet of transfer paper
photos
fabric
iron board
iron
injekt printer

Transfer paper

You can get transfer paper in any stationery shop.

Instructions:

1. Copy your photo in mirror image onto the transfer paper.

The picture on the right is a mirror image of the picture on the left.

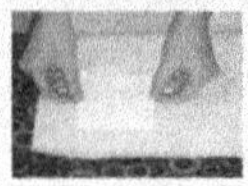

2. Put the transfer paper face down onto the fabric.

3. Iron it for 5–10 minutes.

4. Remove the transfer paper quickly.

This is what a photo on fabric looks like.

Bilingualer Sachfachunterricht

Die Schülerinnen und Schüler erwerben im Stufenmodell in handlungsorientierten Lerngängen sachfachliches Wissen mittels der Fremdsprache. Dies kann im Fach Haushalt/Textil beispielsweise durch Experimente wie die Erstellung eines Kräuselkrepps oder eines Nylonfadens, durch Zuordnungsaufgaben, die Herstellung textiler Objekte oder das Zubereiten von Rezepten geschehen.

Authentische Kontexte haben einen hohen Aufforderungscharakter

In dieser Phase steht die selbstständige Arbeit in Einzel-, Partner- oder Gruppenarbeit im Vordergrund, die Lehrkraft wird zum Beobachter und agiert im Hintergrund, während die Schülerinnen und Schüler Gelegenheit haben, die Fremdsprache zu erproben und in Bezug auf die Aufgabe aktiv anzuwenden. Authentische Kontexte wie das Lesen und Verstehen eines Rezeptes oder einer Anleitung haben für Schülerinnen und Schüler einen hohen Aufforderungscharakter und knüpfen zugleich an das sachfachliche Lernen an. Sprache wird im Kontext realer Situationen angewendet.

Sprachliche Fehler werden hier von der Lehrkraft nicht oder nur auf ausdrücklichen Wunsch der Kinder korrigiert. Die sprachlichen Grenzen, die sich natürlicherweise durch solch eine offene, handlungsorientierte Unterrichtsform zeigen, sind gewünscht und bieten sich für die sprachliche Vertiefung auf der letzten Stufe (*Language focus*), die auf die Ergebnissicherung folgt, an.

Abbildung 2 zeigt Grundschüler, die nach dem Stufenmodell angeleitet, Pralinen herstellen. Sie konnten sich das Rezept auf Grund der *Pre-task* selbstständig erschließen und arbeiten während der *Task* hochkonzentriert an den süßen Werkstücken. Ein Vorteil des Stufenmodells ist, dass sich Schülerinnen und Schüler im schülerzentrierten Unterricht die Erkenntnisse im eigenen Lerntempo erschließen und sachfachliche Kompetenzen, wie das Lesen eines Rezeptes und das Herstellen von Pralinen, in einem authentischen Rahmen üben können.

Abb. 2: Handlungsorientierter Sachfachunterricht im CLIL-Unterricht

Sprachenlerner, die, gemessen an dem Europäischen Referenzrahmen, eine elementare Sprachverwendung (A1 und A2) beherrschen, sind im CLIL-Unterricht in höchster Weise gefordert. Eine Ergebnissicherung zur Bewusstmachung der sachfachlichen Kompetenzen sollte eingeschoben werden, sie kann in vielfältiger Form stattfinden.

Ergebnissicherungen

Ergebnissicherung zur Vertiefung der Lerninhalte

Eine Ergebnissicherung bietet den Schülerinnen und Schülern die Möglichkeit, sachfachliche Lerninhalte zu vertiefen. Sie können beispielsweise *Science books* ausfüllen, sachfachliche Inhalte zuordnen, Arbeitsblätter ausfüllen. Sehr beliebt sind Wissensquiz, bei denen die Schülerinnen und Schüler gegeneinander antreten. Es wurde beobachtet, das sogar Schülerinnen und Schüler mit niedrigem Sprachniveau durch den aufeinander aufbauenden Wortschatz der Stufen Fragen in der Zielsprache beantworten können.

Abb. 3: Quiz. Schüler diskutieren, welcher Lösungsbuchstabe für die Antwort der richtige ist

In einer textilen Einheit „Faserstoffe“ führten die Schülerinnen und Schüler im bilingualen Sachfachunterricht Versuche zum Wärmeverhalten und der Feuchtigkeitsaufnahme der verschiedenen Fasern durch. In der Ergebnissicherung traten zwei Schülergruppen bei der Beantwortung der Fragen zum Lernstoff gegeneinander an. Fragen wurden so formuliert, dass sie von allen durch das Hochhalten von grünen Yes- oder roten No-Karten beantwortet werden konnten. Die Ergebnisse wurden aufgelöst und miteinander in der Zielsprache besprochen. Die Schülergruppe mit den meisten richtigen Antwortkarten erhielt jeweils einen Punkt. Gewinner war die Gruppe mit den meisten Punkten.

Language Focus

Kooperation zwischen Sprachunterricht und bilingualem Unterricht

Phrasen wie „Can I have a scissor“ oder „It is hellgreen“ könnten Schülerinnen und Schüler im bilingualen Unterricht während der *Task* äußern. Diese oder ähnliche Formulierungen können im *Language focus* aufgegriffen und vertieft werden. Ideal ist es natürlich, wenn die Lehrkraft die Möglichkeit hat, ihre Beobachtungen aus dem bilingualen Unterricht im Sprachunterricht einzubinden, aber selbst wenn sich verschiedene Lehrkräfte den Sprach- und den bilingualen Unterricht aufteilen, kann nach Absprache kooperativ zusammengearbeitet werden.

Unterrichtsbeispiel aus dem Bereich Hauswirtschaft

Fachliche Kompetenz und Alltagssprachkompetenz

Im Bildungsplan Baden-Württemberg wird das bilinguale Unterrichten im Bereich Textil und Hauswirtschaft empfohlen, „da oft Alltagssituationen gezeigt, besprochen und nachvollzogen werden. Durch das so initiierte Lernen mit allen Sinnen wird neben der fachlichen Kompetenz … gleichzeitig die Alltagssprachkompetenz der jeweiligen Schülerinnen und Schüler in der jeweiligen Fremdsprache gestärkt“ (bildung-staerkt-menschen.de, 150).

Das Zubereiten von Gerichten ist eine typische Alltagshandlung, die neben den verschiedenen Garmethoden auch kulturelle Techniken vermittelt.

Cooking methods

		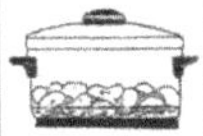					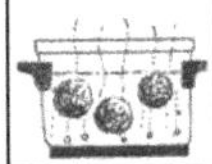
Cooking methods							
Temperature							
Definition							
Food							
Tools							

…

Die Schülerinnen und Schüler lernen in der Unterrichtseinheit „Cooking methods" die verschiedenen Garverfahren kennen und tragen diese Erkenntnisse Stunde um Stunde in das Übersichtsblatt „Cooking methods" ein. Damit erhalten sie am Ende der Unterrichtseinheit ein kleines Lexikon, das die Beschreibung der einzelnen Garmethoden enthält.

Pre-task

Cooking methods als bilinguale Unterrichtseinheit

Über einen langen Zeitraum baut sich durch die systematische Behandlung der verschiedenen Garmethoden das Wortfeld fast automatisch auf. *Steaming, boiling, frying, baking, mixing, stirring, pot, temperature, pan, boiling water, steam, food, tools.* Im bilingualen Hauswirtschaftsunterricht werden diese Wörter in Sätze eingebunden wie beispielsweise: *Add the stock and bring to boil. Dice the toast in small cubes. Heat the butter in a saucepan and fry the dices golden brown.*

In einer solchen Unterrichtseinheit ergibt sich der *Pre-task* weitgehend aus den aufeinander aufbauenden Modulen und bietet sich dadurch auch als eine Methode für Schülerinnen und Schüler mit erweitertem Lernniveau ab B1 an, denn die Schülerinnen und Schüler können sich die Texte und Rezepte bereits selbstständig erschließen.

Task und Ergebnissicherung

Rezepte verstehen und mit der richtigen Garmethode zuzubereiten, stellt jeweils die *Task* dar. Besonders geeignet sind die blumig beschriebenen Rezepte des britischen *chefs* (Koch) Jamie Oliver. Seine Sprache hat einen hohen Aufforderungscharakter und bietet viele Alltagswendungen, die in andere Bereiche übertragen werden können. Die zubereiteten Gerichte wiederum bieten genügend Stoff und Redeanlässe für die Ergebnissicherung: Ist das Gargut richtig und appetitlich zubereitet worden? Was lief eventuell nicht richtig?

Language focus

Auch hier gibt es für Lerner des Niveaus B1 genügend Anknüpfungspunkte. Schülerinnen und Schüler können sich aus verschiedenen Rezepten Anweisungen herausschreiben und sie in eigenen Rezepten umformulieren.

Fazit

Das Stufenmodell integriert das Sprachenlernen in das Sachfach. Um die Schülerinnen und Schüler im CLIL-Unterricht sprachlich nicht zu überfordern, bereitet es sie zunächst sprachlich auf die bilingualen Themen vor, bevor sie sich in handlungsorientierten Aufgabenstellungen mit sachfachlichen Inhalten eigenständig auseinandersetzen. Dadurch wechselt das CLIL-Modell zwischen lehrerzentrierten und schülerzentrierten Unterrichtsformen. Die Schülerinnen und Schüler lernen in dem ersten Schritt die sprachlichen Mittel vor allem rezeptiv, bauen diese aber durch die Anwendung und die anschließende Vertiefung im *Language focus* ständig aus. Die Kompetenzen werden nicht isoliert erworben, sondern in komplexen schülernahen sachfachlichen Themengebieten. Durch die Ausführung der *Task* erwerben die Schüler sachfachliche Kompetenzen unter Einbeziehung der Fremdsprache.

Aufgrund der Berücksichtigung sprachlicher, sachfachlicher, sozialer und strategischer Strategien kann das Stufenmodell als Methode für *Content and Language Integrated Learning* dienen, das sich für den CLIL-Unterricht von der Primar- bis zur und Sekundarstufe eignet.

Literatur

APPEL, JOACHIM (2011): Two for the price of one? Leise Zweifel am bilingualen Sachfachunterricht. Forum-Sprache, 6, 85–88.

BACH, GERHARD/NIEMEIER, SUSANNE (2010) (Hrsg.): Bilingualer Unterricht. Peter Lang Verlag: Frankfurt/M.

BARBERO, TERESINA (2007): CLIL in scientific fields: from teaching language to learning activities. In: MARSH, DAVID/WOLFF, DIETER (2007) (Hrsg.): Diverse Contexts-Converging goals: CLIL in Europe. 287–298. Peter Lang Verlag: Frankfurt/M.

BAUER, CHRISTIAN/WIESMANN, FRITZ (2001): Eignung weiterer Fächer für den bilingualen Fachunterricht. In: GLAAP, ALBERT-REINER/MÜLLER-SCHNECK, ELKE (2001) (Hrsg.): Schulversuch Bilingualer Unterricht an Realschulen in Nordrhein-Westfalen – Abschlussbericht, 113–118. Düsseldorf.

BAYLIS, JOHN/SMITH, STEVE/OWENS, PATRICIA (2010): The Globalization of World Politics: An Introduction to International Relations. Oxford University Press: Oxford.

BENTLEY, KAY (2010): The TKT Course – CLIL Module. Cambridge University Press: Cambridge.

BONNET, ANDREAS/BREIDBACH, STEPHAN /HALLET WOLFGANG (2007): Fremdsprachlich handeln im Sachfach. Bilinguale Lernkontexte. In: Bach, GERHARD/Timm, Johannes-Peter (Hrsg.) (2009): Englischunterricht. 4. Aufl., Francke: Tübingen u. a., 172–199.

BONNET, ANDREAS (2009): Kooperatives Lernen. In: Der Fremdsprachliche Unterricht Englisch , Heft 99, 2–8.

BRUCKER, AMBROS (2009) (Hrsg.): Geographiedidaktik in Übersichten. Aulis Verlag Deubner: Köln.

BRÜNING, BARBARA (2003): Philosophieren in der Sekundarschule. Methoden und Medien. Beltz: Weinheim.

BRÜNING, BARBARA (2012) (Hrsg.): Respekt 1. Handreichung für den Unterricht. Cornelsen: Berlin.

BRÜNING, LUDGER/SAUM, TOBIAS (2008): Kooperatives Lernen: Methoden für den Unterricht. Friedrich Verlag: Seelze.

BUTZKAMM, WOLFGANG (2002): Über die planvolle Mitbenutzung der Muttersprache im bilingualen Sachfachunterricht. In: BACH, GERHARDT/NIEMEIER, SUSANNE (Hrsg.): Bilingualer Unterricht. Grundlagen, Methoden, Praxis, Perspektiven. Peter Lang Verlag: Frankfurt/M.

CLOUGH, JULIET/DAVIDSON, KEITH/RANDALL, SANDIE/SCOTT, ALASTAIR (2008): Schottland. Dorling Kindersley Verlag: München.

COPPOCK, LILIAN (2005): Art of Different Cultures. 2. überarbeitete Auflage. Belair: Dunstable.

COYLE, DO (2006): Content and Language Integrated Learning – Motivating Learners and Teachers. In: The Scottish Language Review 13, 1-18. Online verfügbar.

COYLE, DO/HOOD, PHILIP/MARSH, DAVID (2010): CLIL – Content and Language Integrated Learning, 41. Cambridge University Press: Cambridge.

CUMMINS, JAMES (1979): Linguistic interdependence and the educational development of bilingual children. In: Review of Educational Research, 49/79, 222–251.

DEUTSCHE GESELLSCHAFT FÜR GEOGRAPHIE DGFG (2010) (Hrsg.): Bildungsstandards im Fach Geographie für den Mittleren Schulabschluss. Selbstverlag DGfG: Bonn.

DEUTSCHES INSTITUT FÜR INTERNATIONALE PÄDAGOGISCHE FORSCHUNG (2006): Deutsch-Englisch-Schülerleistungen-International (DESI), 60. Frankfurt am Main.

DRANSFELD, KLAUS/KIENLE, PAUL (1989): Physik II Elektrodynamik. Oldenbourg Verlag: München.

EID, KLAUS/LANGER, MICHAEL/RUPRECHT, HAKON (2002): Grundlagen des Kunstunterrichts: Eine Einführung in die kunstdidaktische Theorie und Praxis. 6. durchgesehene Auflage Schöningh Verlag: Paderborn.

EISNER, WERNER/GIETZ, PAUL/JUSTUS, AXEL/SCHIERLE, WERNER/STERNBERG, MICHAEL (1999): elemente chemie I. Klett Verlag: Stuttgart.

EURYDICE EUROPEAN UNIT (2006): Content and Language Integrated Learning (CLIL) at School in Europe, 7. Brüssel.

FERRIBY, DAVID/HEWITT, TONY/MCCABE, JIM/MENDUM, ALAN (2009): AQA GCSE History B International Relations: Conflict and Peace in the 20th Century: Unit 1. Nelson Thornes: Cheltenham.

FETZER, MAREI (2007): Interaktion am Werk. Klinkhardt: Bad Heilbrunn.

FIERLING, SANDRA/MACHOTKA, SHEENA/SCHWARZ, IRENE (2002): Durch die Vergangenheit zur Gegenwart: Bilingual – Ancient Cultures. 2. Auflage.Veritas: Wien.

FINN, ALKE (2012): Bio bilingual – Entwicklung und Durchführung eines Unterrichtskonzeptes zu bilingualem Unterricht. Tectum Verlag: Marburg.

FRANKLIN, BENJAMIN (2001): The Autobiography and Other Writings. Ed. L. Jesse Lemisch. Signet Classic: London.

GEORGI, VIOLA B./OHLIGER, RAINER (Hrsg.) (2009): Crossover Geschichte. Historisches Bewusstsein Jugendlicher in der Einwanderungsgesellschaft. Edition Körber-Stiftung: Hamburg.

GIERLINGER, ERWIN E. (2007): The three pillars of modular CLIL: findings from an Austrian research project. In: MARSH, DAVID/WOLFF, DIETER (2007) (Hrsg.): Diverse Contexts-Converging goals: CLIL in Europe. 211–226. Peter Lang Verlag: Frankfurt/M.

GREHN, JOACHIM/KRAUSE, JOACHIM (2007): Metzler Physik, 4. Auflage. Bildungshaus Schulbuchverlage: Braunschweig.

HALLET, WOLFGANG (1998): The Bilingual Triangle. Überlegungen zu einer Didaktik des bilingualen Sachfachunterrichts. In: Praxis des Neusprachlichen Unterrichts 45, 115–125.

HALLET, WOLFGANG (2005): Bilingualer Unterricht. Fremdsprachig denken, lernen und handeln. In: Der Fremdsprachliche Unterricht 78. 2–8.

HANSON, ROBERT M. (1995): Molecular Origami. Precision Scale Models from Paper. University Science Books: Sausalito (California).

HAUBRICH, HARTWIG (2006) (Hrsg.): Geographie unterrichten lernen. Die neue Didaktik der Geographie konkret. Oldenbourg Schulbuch Verlag: München.

HEIMES, ALEXANDER (2012): Wege der Binnendifferenzierung im bilingualen Sachfachunterricht. In: Praxis Fremdsprachenunterricht. H. 2/2012, 9–11. Oldenbourg/Cornelsen Verlag: Berlin.

HELBIG, BEATE (2001): Das bilinguale Sachfach Geschichte. Eine empirische Studie zur Arbeit mit französischsprachigen (Quellen-)Texten. Stauffenburg-Verlag: Tübingen.

HELMS, DIETRICH (2004): Musik dreisprachig? Probleme und Chancen eines bilingualen Musikunterrichtes. In: BONNET, ANDREAS/BREIDBACH, STEFAN (2004) (HRSG.): Didaktiken im Dialog. Konzepte des Lehrens und Wege des Lernens im bilingualen Sachfachunterricht. Peter Lang Verlag: Frankfurt a. M.. (=Mehrsprachigkeit in Schule und Unterricht 2), 291–304.

HENN, HANS-WOLFGANG/KAISER, GABRIELE (2001): Mathematik – ein polarisierendes Schulfach. In: Zeitschrift für Erziehungswissenschaft, 4/3: 359–380.

HERMANN, FRIEDRICH (2002): Der Strom und sein Artikel. In: Praxis der Naturwissenschaften – Physik in der Schule, 51. Jg., Heft 4, 47.

HEWITT, PAUL (2002): Conceptual Physics, Ninth Edition. Addison Wesley/Pearson Education: San Francisco.

HOFFMANN, REINHARD (2003) (Hrsg.): Bilingualer Geographieunterricht: Konzepte – Praxis – Forschung. (= Geographiedidaktische Forschungen des HGD, Bd. 37) Nürnberg.

HOLLEMAN, ARNOLD F./WIBERG, NILS (1995): Lehrbuch der anorganischen Chemie. De Gruyter: Berlin. 101. Auflage. 1149 und 1161.

ISAAC, KEVIN (2011): Neues Standorttypenkonzept. Faire Vergleiche bei Lernstandserhebungen. In: Schule NRW. Amtsblatt des Ministeriums für Schule und Weiterbildung, Düsseldorf, Nr. 6, 2011, 300 f.

KELLY, KEITH (2009): Geography. Macmillan: Oxford.

KERSAINT, GLADIS/THOMPSON, DENISSE, R./PETKOVA, MARIANE (2009): Teaching Mathematics to English language learners. Routledge: New York und London.

KLAFKI, WOLFGANG (1996): Neue Studien zur Bildungstheorie und Didaktik. 5. Auflage. Beltz: Weinheim.

KLEIN, ECKART (2008): Bilinguales Wörterbuch Biologie. VBIO.

KLEIN, KERSTIN (2002): So erklär ich das: 60 Methoden für produktive Arbeit in der Klasse. Verlag an der Ruhr, Mülheim.

KÖRBER, ANDREAS/SCHREIBER, WALTRAUD/SCHÖNER, ALEXANDER (Hrsg) (2007): Kompetenzen historischen Denkens. Ein Strukturmodell als Beitrag zur Kompetenzorientierung in der Geschichtsdidaktik. Ars una Verlag: Neuried.

KOLENDA, KONSTANTIN (1982): Ethics for the Young. Tourmaline Press: Houston.

KOLLENROTT, ANNE INGRID (2007): Sichtweisen auf deutsch-englisch bilingualen Geschichtsunterricht. Eine empirische Studie mit Fokus auf interkulturelles Lernen. Fremdsprachendidaktik – inhalts- und lernerorientiert. Peter Lang Verlag: Frankfurt/Main u. a.

KOZIANKA, SABINE/EWIG, MICHAEL (2009): Materialien für den bilingualen Biologieunterricht: Eine Erhebung von Bestand und Bedarf. In: DITZE, STEPHAN-ALEXANDER/ HALBACH, ANA (2009) (Hrsg.): Bilingualer Sachfachunterricht (CLIL) im Kontext von Sprache, Kultur und Multiliteralität. 135–146. Peter Lang Verlag: Frankfurt/M.

KRECHEL, HANS-LUDWIG (2003): Bilingual Modules, In: WILDHAGE, MANFRED/OTTEN, EDGAR (2003) (Hrsg.): Praxis des bilingualen Unterrichts. 194–216. Cornelsen Scriptor Verlag: Berlin.

KRECHEL, HANS-LUDWIG (2005): Situation des mehrsprachigen Unterrichts und der Lehrerbildung in Deutschland. In: KRECHEL, HANS-LUDWIG (2005) (Hrsg.): Mehrsprachiger Fachunterricht in Ländern Europas. 9–33. Gunter Narr Verlag: Tübingen.

KRUBER, KLAUS-PETER (2006): Ökonomische Bildung – ein Beitrag zur Allgemeinbildung? Eine immer wieder neue Frage an den Wirtschaftsunterricht. In: WEISSENO, GEORG (Hrsg.): Politik und Wirtschaft unterrichten. Bundeszentrale für politische Bildung. 187–202.

KUNTZE, SEBASTIAN/PREDIGER, SUSANNE (2005) (Hrsg.): Ich schreibe, also denk ich. Über Mathematik schreiben. In: Praxis der Mathematik in der Schule, 47, 5.
LEISEN, JOSEF (2007): Unterrichtsgespräch: Vom fragend-entwickelnden Unterricht, dem sokratischen Dialog und Schülergesprächen. In: Physik-Methodik. Cornelsen Verlag Scriptor: Berlin.
LIPMAN, MATTHEW (1980): Harry Stottlemeier`s Discovery. Institute for the Advancement of Philosophy for Children: Montclair, N-J. (Die deutsche Version ist 1990 bei Hölder, Pichler und Tempsky in Wien erschienen.)
LIPMAN, MATTHEW (1980): Philosophy in the Classroom. Philadelphia.
LYMAN, F. T. (1981). The responsive classroom discussion: The inclusion of all students. In Audrey Springs Anderson (Hrsg.), Mainstreaming Digest (pp. 109-113). University of Maryland Press: College Park.
MATTHEWS, HORST-DIETER und SIMON OLMESDAHL (2010): Discover Biology. Cornelsen Verlag: Berlin.
MCGUIRE, J./MCKENZIE, D. (1999): International Issues. Imprint Publishing Systems: Paisley, Renfrewshire.
MEHISTO, PETER/MARSH, DAVID/FRIGOLS, MARIA JESUS (2008): Uncovering CLIL. Content and Language Integrated Learning in Bilingual and Multilingual Education. MacMillan Education: Oxford.
MENTZ, OLIVER (2010): Alle Fächer eignen sich – oder doch nicht? Überlegungen zu einem bilingualen Fächerkanon. In: DOFF, SABINE (2010) (Hrsg.): Bilingualer Unterricht in der Sekundarstufe: Eine Einführung. Gunter Narr Verlag: Tübingen.
MEYER, OLIVER (2010): Towards Quality CLIL: successful planning and teaching strategies. In: Pulso: Revista de Educación (Madrid, Alcalá de Henares). Bd. 33 (2010). 11–29.
MEYER, OLIVER (2010): Introducing the CLIL-Pyramid: Key Strategies and Principles for Quality CLIL Planning and Teaching. In: EISENMANN, MARIA and SUMMER, THERESA (Hrsg.): Basic Issues in EFL-Teaching and Learning. Winter: Heidelberg.
MINISTERIUM FÜR KULTUS, JUGEND UND SPORT (2004): Bildungsplan Allgemein bildendes Gymnasium. Baden-Württemberg.
MUCKENFUSS, HEINZ (1997): Neue Wege im Elektrikunterricht. Aulis Verlag Deubner: Köln.
MÜLLER-HARTMANN, ANDREAS/SCHOCKER VON DITFURTH, MARITA (2004): Introduction to English Language Teaching. Klett Verlag: Stuttgart.
NOLDEN, MONIKA (2011): Let´s Draw Comics. In: LENZ, THOMAS/WEIBLE, HORST (Hrsg.) (2011): Bilinguale Module für die Sekundarstufe I. Westermann: Braunschweig.
NÜNNING, VERA/NÜNNING, ANSGAR (2000): British Cultural Studies konkret: 10 Leitkonzepte für innovativen Kulturunterricht. In: Der Fremdsprachliche Unterricht Englisch, Heft 1, 4–9.
OLIVER, JAMIE (2001): Happy Days with the Naked Chef. Penguin: London.
OTTEN, EDGAR/WILDHAGE, MANFRED (2009) (Hrsg.): Praxis des bilingualen Unterrichts. 4. Auflage. Cornelsen Scriptor Verlag: Berlin.
ROMAN, TIBERIU (1987): Reguläre und halbreguläre Polyeder. VEB Deutscher Verlag der Wissenschaften: Berlin.
ROSENBROCK, ANJA (2006): Bilingualer Musikunterricht an allgemein bildenden Schulen – Chancen und mögliche Probleme: Eine Vorstudie. In: KNOLLE, NIELS (2006) (HRSG.): Lehr- und Lernforschung in der Musikpädagogik. (=Musikpädagogische Forschung 27), 139–157. Die blaue Eule: Essen.
ROSENBROCK, ANJA (2007): Irgendwie Multi? Interkulturelles Lernen in bilingualem Musikunterricht und interkultureller Musikerziehung. In: SCHLÄBITZ, NORBERT (2007) (HRSG.): Interkulturalität als Gegenstand der Musikpädagogik. (=Musikpädagogische Forschung 28), S. 115–140. Die blaue Eule: Essen.
ROSENBROCK, ANJA (2009): Spannungsfelder bilingualen Musikunterrichts. In: DITZE, STEPHAN ALEXANDER/HALBACH, ANA (2009) (HRSG.): Bilingualer Sachfachunterricht (CLIL) im Kontext von Sprache, Kultur und Multiliteralität. Peter Lang Verlag: Bern u. a. (=Mehrsprachigkeit in Schule und Unterricht - MSU), 105–120.
ROSENBROCK, ANJA (2011): Außerschulische Lernorte in die Schule holen: Musiktheaterverfilmungen im bilingualen Musikunterricht. In: GEHRING, WOLFGANG/MICHLER, ANDREAS (2011) (Hrsg.): Außerschulische Lernorte bilingual. Culliver: Göttingen, 157–167.
RYMARCZYK, JUTTA (2003): MAFF: Kunst auf Englisch? Band 6. Langenscheidt-Longman: München.
RYMARCZYK, JUTTA (2004): Einleitung: Bilingualer Sachfachunterricht aus Sicht künstlerisch-ästhetischer Fachdidaktiken und Sport. In: BONNET, ANDREAS/BREIDBACH, STEFAN (2004) (Hrsg.): Didaktiken im Dialog. Konzepte des Lehrens und Wege des Lernens im bilingualen Sachfachunterricht. (=Mehrsprachigkeit in Schule und Unterricht 2), 289–290. Peter Lang Verlag: Frankfurt a. M.
SIMPSON, JOHN A. (1970): The Oxford English Dictionary, Vol. V, H–K. Clarendon Press: Oxford.
SIMPSON, JOHN A. (1971): The Compact Edition of the Oxford English Dictionary, Volume II. University Press: Oxford.
SMITH, DAVID (2003): Free Lunch. Easily Digestible Economics. Profile Books: London.

Streifinger, Michael (2010) (Hrsg.): Australien. In: Praxis Geographie, 40. Jg., Heft 1, 38–39.
Sutor, Bernhard (1984): Neue Grundlegung Politischer Bildung, Bd. II, Schöningh Verlag: Paderborn.
Terhag, Jürgen (1994): Populäre Musik und Pädagogik. Grundlagen und Praxismaterialien. Bd. 1. Lugert: Oldershausen.
TKI TeKeteIpurangi, Ministry of Education (Hrsg. 2007): Making Language and Learning Work 2: Integrating language and learning in secondary English and Social Sciences (DVD). TeTahuhu O TeMatauranga: New Zealand.
Vater, Brigitte (2008): Fascinating Colours. In: Take off, Heft 4, 8–16.
Vygotsky, Lew (1978): Mind in Society: Development of Higher Psychological Processes, 78. Harvard University Press: Harvard.
Waller, Sally (2010) (Hrsg.): AQA History A2 Unit 3 Aspects of International Relations, 1945-2004. Nelson Thornes: Cheltenham.
Wildehage, Manfred/Otten, Edgar (Hrsg.) (2003): Praxis des bilingualen Unterrichts. Cornelsen Verlag: Berlin.
Willis, Jane (1996): A Framework for Task-Based Learning. Longman: Harlow.
Wittschier, Michael (2012): Gesprächsschlüssel Philosophie. 30 Moderationsmodule mit Beispielen. BSV/ Patmos: München.
Wolff, Dieter (2011): Der bilinguale Sachfachunterricht (CLIL): Was dafür spricht, ihn als innovatives didaktisches Konzept zu bezeichnen. ForumSprache, 6, 75–83.
Zydatiss, Wolfgang (2010): Scaffolding im Bilingualen Unterricht. In: Der Fremdsprachliche Unterricht Englisch, Jahrgang 44, Heft 106, 2, Friedrich Verlag: Seelze.

DVDs
FWU (2006) (Hrsg.): Sydney – Metropole Down Under. DVD 46 02369. Institut für Film und Bild in Wissenschaft und Unterricht: Grünwald.
Rother, Irene/Biederstädt, Wolfgang/Schwarz, Hellmut (2010): Filmausschnitt 10.5, Videoausschnitt Santa Cruz, DVD What's in? What's on? What's up? G 21, A4. Cornelsen Verlag: Berlin.

Internetpublikationen
Conte, Christopher/Albert R. Karr (2007): An Outline of the U.S. Economy. Updated regularly. Online-Zugriff über die U.S. Diplomatic Mission to Germany, http://usa.usembassy.de/etexts/oecon/ (letzter Zugriff am 23.10.2012).
ESOL: Concept Star: http://esolonline.tki.org.nz/ESOL-Online/Teacher-needs/Pedagogy/Cross-curricular-strategies/Teaching-approaches-and-strategies/Thinking/Concept-star (letzter Zugriff am 18.05.2012).
EURYDICE (2005): Schlüsselzahlen zum Sprachenlernen an den Schulen in Europa, Ausgabe 2005, 32–33. http://ec.europa.eu/languages/documents/eurydice/key-data-2005_de.pdf (letzter Zugriff am 07.11.2012).
Hammond, Jenny/Pauline Gibbons (2008): Putting Scaffolding to work: The contribution of scaffolding in articulating ESL education, http://neilwhitfield.files.wordpress.com/2008/11/20_1_1_hammond.pdf (letzter Zugriff am 07.11.2012).
KMK (2004): Bildungsstandards im Fach Mathematik für den Mittleren Schulabschluss Beschluss vom 4.12.2003. http://www.kmk.org/fileadmin/veroeffentlichungen_beschluesse/2003/2003_12_04-Bildungsstandards-Mathe-Mittleren-SA.pdf (letzter Zugriff am 27.11.2012).
Ministerium für Kultus, Jugend und Sport Baden- Württemberg (2008): Baden Württemberg Realschule Bilingualer Unterricht. Bilingualer Unterricht – Handreichung zum bilingualen Unterricht. www.schule-bw.de.
No Strings: http://www.youtube.com/watch?v=bGzUeg4Vd_o (letzter Zugriff am 06.11.2012).
Qualifications and Curriculum Authority (2007): Mathematics: key stage 3/4 (2007): Mathematics: Programme of study for key stage 3 and attainment targets. http://media.education.gov.uk (letzter Zugriff am 27.11.2012).
Sekretariat der Ständigen Konferenz der Kultusminister der Länder in der Bundesrepublik Deutschland (2006): Konzepte für den bilingualen Unterricht – Erfahrungsbericht und Vorschläge zur Weiterentwicklung. Bericht des Schulausschusses vom 10.04.2006, 9. http://www.kmk.org/fileadmin/veroeffentlichungen_beschluesse/2006/2006_04_10-Konzepte-bilingualer-Unterricht.pdf. Bericht. (letzter Zugriff am 07.11.2012).
Southern California Earthquake Center (SCEC): http://www.youtube.com/watch?v=2oUgRjoM-88 (letzter Zugriff am 06.11.2012).
US Department of the Interior: http://earthquake.usgs.gov/earthquakes/map/ (letzter Zugriff am 06.11.2012).